말이 삶을 바꾼다

말이 삶을 바꾼다

발행일	2025년 3월 1일

지은이	마종필		
펴낸이	손형국		
펴낸곳	(주)북랩		
편집인	선일영	편집	김현아, 배진용, 김다빈, 김부경
디자인	이현수, 김민하, 임진형, 안유경, 최성경	제작	박기성, 구성우, 이창영, 배상진
마케팅	김회란, 박진관		
출판등록	2004. 12. 1(제2012-000051호)		
주소	서울특별시 금천구 가산디지털 1로 168, 우림라이온스밸리 B동 B111호, B113~115호		
홈페이지	www.book.co.kr		
전화번호	(02)2026-5777	팩스	(02)3159-9637

ISBN	979-11-7224-501-6 03190 (종이책)		979-11-7224-502-3 05190 (전자책)

잘못된 책은 구입한 곳에서 교환해드립니다.
이 책은 저작권법에 따라 보호받는 저작물이므로 무단 전재와 복제를 금합니다.
이 책은 (주)북랩이 보유한 리코 장비로 인쇄되었습니다.

(주)북랩 성공출판의 파트너

북랩 홈페이지와 패밀리 사이트에서 다양한 출판 솔루션을 만나 보세요!

홈페이지 book.co.kr • **블로그** blog.naver.com/essaybook • **출판문의** text@book.co.kr

---

작가 연락처 문의 ▶ ask.book.co.kr

작가 연락처는 개인정보이므로 북랩에서 알려드릴 수 없습니다.

사람의 마음을 움직이는
공감과 대화의 기술

마종필 지음

말이 삶을 바꾼다

 북랩

책을 마련하면서

고대 철학자들은 '말(言)'의 중요성을 잘 알고 있었다. 심지어 말(言)은 천지를 창조하는 시발로, 혹은 신과 동격으로 이해하기도 했다. 또한 말을 통해 대화하고, 토론하고, 학문을 축적하는 귀한 일을 이루어낼 수 있었다.

그런데 오늘날 사람들은 '말'을 단순히 정보전달 도구로만 생각하고 있는 것 같다. 학교에서는 읽고, 쓰고, 듣기는 가르치면서도 말하는 방법은 가르치지 않기 때문이다. 그러다 보니 정보전달은 어느 정도 할 수 있으나 말하는 방법은 대체로 서툰 편이다.

몇 해 전 미국 대통령과 기자회견 하는 자리가 있었다. 말을 직업으로 하는 아나운서나 기자들이 모인 자리에서 질문하라고 했더니, 아무런 말을 하지 못했다는 일화는 우리를 부끄럽게 했다.

우리 언어생활을 보면 학교에서 부지런히 배웠던 읽고, 쓰고, 듣는 것도 어설프게 하는 편이다. 그런데 말하는 방법은 전혀 다루지 않으니 누구나 고민할 수밖에 없다. 그러니 때로는 의사소통에 어려움을 겪기도 하고, 의사 전달조차 힘겹게 여기고, 자기 생각을 드러내는 것도 부담스럽게 여긴다.

　　　　　　　　　　　　　　　말이 삶을 바꾼다

사실 말에는 무(無)에서 유(有)를 만들어내는 창조력이 있고, 우리 삶을 변화시키는 마법과 같은 놀라운 능력이 있다. 그런데 우리는 그것을 모르거나, 알면서도 등한시하고 그 마법을 잘 활용하지 못하고 있다.

이러한 현실을 안타깝게 여긴 필자는 여기저기 다니면서 기회가 되는 대로 '말하는 방법', '대화법' 등을 강의해왔다. 그런 노력은 극히 일부만 누리는, 그리고 매우 제한적인 사람들만이 얻을 수 있는 혜택이었다. 그래서 더 많은 사람이 말 사용법을 접하고, 배우고, 사용할 수 있도록 책으로 정리하게 되었다.

여기에는 '말이 우리 삶에 미치는 영향', 그리고 '말을 할 때와 들어야 할 때', '대화에서 사용해서는 안 될 말들', 그리고 '대화를 편하고 유익하게 할 수 있는 대화 기술' 등이 담겨 있다.

지금은 소통을 잘하는 것이 능력이 된 시대가 되었다. 그러니 누구나 '말하는 방법'을 배우고 공부해야 한다. 이것이 이 시대에 경쟁력을 확보하는 일이다. 본서를 통해 누구나 과거와 현재의 언어 습관에서 벗어나 좋은 대화법을 얻어갈 수 있기를 소망한다.

2025년 3월
푸른마음심리동산에서
마종필

차례
......

제1장 말의 힘

제2장 성격과 말

제3장 대화의 조건

제4장 대화의 장애물

**말이 삶을
바꾼다**

제1장

말의 힘

말의 영향력

우리는 말의 중요성을 종종 잊고 지낸다. 공기가 살아가는 데 매우 중요하지만 그것을 모르고 지내는 것처럼, 우리는 수시로 말을 사용하고 있지만 그 가치와 중요성을 대수롭지 않게 여긴다. 하지만 우리가 알지 못하는 가운데 말이 나와 내 주변 사람들에게 상당한 영향을 미치고 있다는 것은 우리가 알아야 할 중요한 사실이다.

EBS에서는 말이 사람에게 미치는 영향을 방송한 적이 있다. 초등학생들을 두 그룹으로 나누고, 이들에게 방향이 다른 긍정과 부정의 단어 카드를 보여주었다. 그리고 방금 본 단어를 가지고 5분 안에 세 개 문장을 만들도록 안내했다.

한 그룹의 참가자들에게는 부정적인 단어, 째려보다, 범인, 도둑, 어두움, 항의, 거칠다, 괴롭다, 공격적인, 침입하다, 거칠다, 회초리, 무례한, 무시하는, 사나운 등을 보여주고, 다른 그룹에는 공손한, 예의바른, 예쁜, 아름다운, 꽃, 웃다, 봉사, 어른, 사랑, 감사, 인내, 절제, 용기, 희망, 자랑, 잘함 등의 긍정적인 단어 카드를 보여주었다.

부정적인 단어를 보여준 그룹의 아이들은 "걸어가다가 어떤 사람이 거칠게 째려봤다.", "도둑이 어두운 아파트에 침입했다."라는 형태의 문장을 만들었다. 긍정적인 단어를 보여준 그룹에서는 "어른이 동물원에서 봉사하신 것을 보고 감사하다는 인사를 드렸다.", "예쁜 꽃은 우리에게 기쁨을 주었다." 등의 문장을 만들었다. 그런 다음 아이들에게 다음 실험 장소로 이동하도록 안내했다.

아이들이 이동하는 중간에 실험자는 아이들의 마음을 알아볼 수 있는 장치를 마련해두었다. 복도 중간에 다른 실험 참가자를 숨겨두었다가 문장을 만들고 나온 아이 앞을 뛰어가면서 일부러 몸을 부딪치게 했다. 그 상황에서 아이들의 반응을 살폈다.

긍정적인 언어를 보고 문장을 만들었던 그룹의 아이는 4명 중 한 명만 짜증스러운 반응을 보였다. 하지만 부정적인 언어를 보고 문장을 만들었던 그룹의 아이는 네 명 중 세 명이 "눈 똑바로 뜨고 다녀.", "뭐야?", "왜 그래?"라는 불쾌한 반응을 보였다. 짧은 실험이었지만 언어가 사람에게 미치는 영향을 사실적으로 보여주고 있었다.

우리는 알게 모르게 우리가 사용하는 말이나 주변에서 들리는 말의 영향을 받는다. 그 영향은 생각보다 커서 우리 삶을 좌절하게 만들기도 하고 성공하게도 만든다. 따라서 우리는 언어에 상당한 관심을 가질 필요가 있다.

1920년 뉴욕의 어느 골목에서 있었던 일이다. 한 시각장애인이 "저는 시각장애인입니다."라는 글귀를 써놓고 사람들 왕래가 많은 길거리에 앉아 구걸하고 있었다. 하지만 동전 통에는 겨우 동전 몇 개만 있을 뿐이었다.

말이 삶을 바꾼다

그때 그 앞을 지나던 한 신사가 걸음을 멈추고서는 장애인이 써 두었던 푯말을 뒤집어 새로운 문장을 써주었다. 그랬더니 이상한 일이 벌어졌다. 장애인의 구걸에 무심하던 사람들이 돈을 주기 시작했다. 조금 전과는 아주 다른 양상이었다. 놀라운 기적이었다.

신사가 무슨 말을 써두어서 그런 놀랄 만한 일이 벌어진 걸까? 신사는 시각장애인이 갖고 있던 푯말에 "봄은 곧 오는데, 나는 볼 수가 없답니다."라는 글을 써주었다. 말이 이렇게 조금 바뀌었을 뿐인데 사람들은 이전과 다른 반응을 보이며 도움을 주었다. 아주 놀라운 일이다.

이런 기적을 만들어낸 사람은 프랑스 시인 앙드레 불통(1896~1966)이었다. "저는 시각장애인입니다."에서 "봄은 곧 오는데, 나는 볼 수가 없답니다."라고 조금 바꿨을 뿐인데 사람들의 마음이 이렇게 놀랍게 움직였다. 이런 일은 우리의 말이 어떠해야 하는지 여실히 보여주고 있다.

그러면 우리는 말을 어떻게 하는 것이 좋을까? 분명히 우리는 사람의 마음을 움직이고, 변화시킬 수 있는 도구인 말을 가지고 있다. 우리가 일상에서 사용하는 말에도 적절한 요령이 있다는 사실이다. 우리가 말을 하고 살아야 하는 세상이라면 내게 유익하고, 상대에게 좋고, 관계가 원만해질 수 있는 말을 사용하면 좋을 것이다. 할 수 있다면 긍정적이고, 적극적이고, 가치 있는 말을 사용하도록 노력하면 좋겠다. 말을 잘 사용함으로 우리 모두 행복해지는 세상을 꿈꿔본다. 그 이야기를 진행해보려고 한다.

02

말의 위력

흔히 사람을 '만물의 영장(靈長)'이라고 한다. 영묘한 힘을 가진 우두머리라는 말이다. 달리 말하면 세상에 존재하는 여러 사물 가운데 가장 으뜸이라는 말이다.

사람은 어떻게 만물의 영장이 될 수 있었을까? 이유는 여러 많은 요인이 있겠지만, 필자는 '말' 사용이 결정적인 요인이라 생각한다. 만일 사람이 말을 사용하지 않았다면 여느 동물들과 마찬가지로 크게 다르지 않았을 것이다.

조직을 운영하는 것은 물론, 머리에 담긴 생각을 표현하는 것도, 학문이라는 거대한 업적을 이룰 수 있었던 것도 모두 말을 사용할 수 있어서 가능한 일이었다. 말로 각자의 의사를 전달하고 더 나아가 문자를 만들어냄으로써 그 어느 동물보다 높은 우위를 점할 수 있게 되었다고 생각한다.

고대 사람들은 일찍이 말의 가치를 잘 알고 있었다. 성서 요한복음 1장에 "태초에 말씀이 계시니라."라고 했다. 태초에 땅이나, 우주, 빛 등을 말하지 않고 처음에 말이 있었다고 선언하고 있다. 말의 가치와 의미를 단박에 표현하고 있다. 그만큼 말의 가치와 역할이 대단하다는 것을 보여주고 있다.

또 성서는 우주의 탄생도 말에서 비롯되었다고 한다. 하나님이 창조 순간에 "빛이 있으라." 하셨을 때, 그 말씀은 즉시 현실이 되었다. 또 창세기 1:6~7에 보면 "하나님이 이르시되 물 가운데에 궁창이 있어 물과 물으로 나뉘라 하시고, 궁창 아래의 물과 궁창 위의 물로 나뉘게 하시니 그대로 되니라." 사실 여부를 떠나 모두 말의 위력을 보여주는 서술이라 하겠다.

또 성서 잠언 18장 21절에는 "사람의 죽고 사는 것이 혀의 힘에 달렸나니"라고 쓰고 있다. 말이 우리의 생사까지 가늠한다고 한다. 실로 언어가 미치는 영향이 어느 정도인지 짐작할 만하다. 따라서 우리에게 말은 우리가 사람이 되게 하는 중요한 요소이자, 만물의 영장이 되는 데 없어서는 안 될 매우 중요한 요소라 하겠다.

말이 삶을 바꾼다

미국 여성 기업가 오스틴의 이야기이다. 그녀는 미국에 체격이 크면서도 뚱뚱한 사람이 많은 것을 보고, 큰 사이즈 속옷을 만들어 팔면 잘 팔릴 줄 알았다. 그래서 '뚱보형'이라는 이름으로 속옷 제품을 출시했다. 하지만, 예상과는 달리 판매가 너무 저조했다. 고민 끝에 그는 큰 사이즈의 부정적인 이미지를 탈피하기 위해 '퀸즈 사이즈'라는 이름으로 변경해 출시했다. 그랬더니 소비자들에게 긍정적인 이미지를 전달하면서 많은 인기를 끌었다.

또 우리 말 속담에 "말 한마디로 천 냥 빚을 갚는다."라는 말이 있다. 말과 천 냥 빚, 엄청난 차이지만 이 차이를 말로 단숨에 극복하고 만다. 말의 힘이 얼마나 대단한지를 보여주고 있다. 말이 단순히 정보전달에 국한되지 않고, 사람들 간 관계를 형성하고 신뢰를 쌓으면서 막대한 물질적인 이득까지 가져다줄 수 있다고 한다. 말의 가치와 위력을 충분히 실감할 수 있겠다.

학교에는 교사들의 말이 학생들 생활에 어떤 영향을 미치고 있는지, 또 어떤 변화를 일으키는지 보여주는 사례가 많다. 교사가 학생들에게 긍정적인 말을 해주었더니 학생 학업 성취도가 평균 30% 이상 향상되었다는 결과도 있다.

말은 성적에만 영향을 미치는 것이 아니다. 사람의 정신 건강에도 긍정적인 영향을 미치는 것으로 알려져 있다. 상담 심리학자들은 긍정적인 언어는 우울증이나 불안장애를 극복하는 데 상당한 도움을 준다고 한다.

예를 들어, 자아 존중감을 높이기 위해 "나는 할 수 있어."라는 긍정적인 문장을 반복해서 사용하면 사람들이 실제로 심리적인 안정감을 얻었다. 이는 말의 힘이 단순한 의사소통을 넘어, 사람의 삶에 깊은 영향을 미칠 수 있음을 시사해주고 있다.

또한, 한 글로벌 기업의 연구에 따르면 기업 내에서도 긍정적인 언어를 사용하는 조직에서는 직원들의 사기가 더 높고, 만족도 또한 높게 나타나고, 생산성 또한 증가했다고 한다. 일상적으로 긍정적인 피드백과 격려가 이루어지는 팀은 그렇지 않은 팀에 비해 25% 이상의 높은 생산성을 보였다는 것이다. 이러한 결과는 사람들이 사용하는 긍정적인 말이 팀워크와 협력의 분위기를 조성하는 데 상당한 이바지를 하고 있다는 사실이다.

학자들은 사람들에게 말하지 못하도록 제한하면 외로움이나 고립감을 느껴 우울증이나 불안과 같은 정신 건강에 문제가 생겨

말이 삶을 바꾼다

육체적인 건강까지 해치게 된다고 말한다.

결국, 말은 우리 삶에서 지대한 영향을 미치는 중요한 요소라 하겠다. 따라서 말이 주는 영향력을 깊이 인식하고, 말하는 데 신경 쓰고, 나아가 말하는 방법을 배우고 익혀야 할 것이다.

우리가 그냥 아무렇게나 말하면 좋은 말의 가치와 의미가 상실되고 만다. 할 수 있으면 말하는 요령을 알고 그 방법에 따라 말할 수 있어야 한다. 그래야 삶이 행복해지고 나아가 다른 사람에게 좋은 영향을 미칠 수 있다.

운동하는 사람들은 종종 말한다. 테니스나 탁구, 농구, 수영 등 여러 운동을 할 때 자기 느낌에 따라 대충 적당히 하고 자기가 하고 싶은 나름 방법대로 연습하면 잘할 수 있을 것 같아서 그렇게 하기도 한다. 하지만 기초에서부터 충실히 배우지 않으면 금방 한계에 이른다는 것이다. 말도 마찬가지다. 입에서 나오는 대로 마음대로 함부로 사용하면 말의 운용 능력이 당장 한계에 부딪히게 된다. 따라서 우리는 화법(話法)을 배워야 한다.

우리가 사용하는 말은 나에게만 머무르는 것이 아니라 나와 주변 사람들에게까지 막대한 영향을 미치기 때문이다. 따라서 말하는 기술과 요령을 익혀 우리가 사는 세상을 더욱 밝고 아름답게 만드는 데 이바지하면 좋겠다. 언어의 기능은 단순히 의사 표현에만 머무르는 것이 아니라, 우리 삶의 질과 내용을 결정짓는 중요한 요소가 되기 때문이다.

03

말과 삶

　말은 단순히 의사소통 수단만으로 사용되는 것이 아니다. 우리 감정과 생각을 전달하고, 관계를 형성하고, 때로는 삶의 방향을 바꾸어놓기도 한다.

　이런 예는 학교 현장에 상당히 많다. "너는 정말 잘하고 있어." 라는 교사의 말 한마디가 학생에게는 큰 격려가 되고, 더욱 분발하는 힘이 돼준다. 교사의 긍정적인 피드백은 학생에게 자신감을 높여주고 학습 의욕을 증진하는 데 큰 역할을 한다. 반면 부정적인 언어나 비판은 학생의 자존감을 떨어뜨려 학습에 대한 흥미를 잃게 만들기도 한다. 이처럼 말은 사람의 능력까지 좌우하는 중요한 기능을 한다. 실로 말의 힘은 대단하다고 하겠다.

　하버드대학교 위건 박사는 직장, 가정, 사회생활 등 각 분야에서 실패한 사람들을 대상으로 '왜 실패했는지'에 대한 원인 조사를 했다. 분석 결과, 전문 지식이 모자라서 실패한 사람은 15%지만 인간관계를 잘못해서 실패한 사람은 85%나 된다는 사실을 알아냈다. 이는 '인간관계'가 삶 전체의 성공과 실패를 좌우하게 된다는 말이다.

여기에서 우리가 관심을 가져야 할 것은, 인간관계는 언어에서 비롯된다는 점이다. 언어는 인간관계에 관여하면서 돈독(敦篤)과 소원(疏遠)을 만들고, 신뢰와 불신을 만들어내기도 한다. 또한 직장에서 상사와 부하 직원 간의 소통과 가정에서의 화합과 화목에도 관여한다. 따라서 우리는 말의 위력과 힘을 알고 말의 활용에 관심을 가지면 좋겠다.

언젠가 MBC에서는 한글날 특집으로 '말의 힘'을 보여주는 실험을 했다. 아나운서들에게 막 지은 쌀밥을 실험 병 두 개에 각각 나눠 담았다. 한 병에는 '감사합니다', '고맙습니다', '사랑해' 등과 같은 좋은 말을 적어두고, 다른 병 하나에는 '미워', '싫어', '짜증나' 등의 부정적인 말을 적었다. 그리고 아나운서들에게 나눠주면서 수시로 병에 적힌 대로 말해달라고 부탁했다.

그런 다음 4주 후, 두 병 속 밥의 변화를 관찰했다. 병 속 쌀밥은 모두 곰팡이가 피어 상해 있었다. 하지만 좋은 말을 해준 병에는 하얗고 예쁜 곰팡이가 생겨, 누룽지 향 같은 좋은 냄새가 났다. 반면 부정적인 말을 해준 병에서는 곰팡이 색깔이 검고 모양도 사납게 생겼다. 냄새도 아주 고약하고 맡기 싫은 역겨운 냄새가 났다.

실험에 참여했던 아나운서들도 처음에는 반신반의했는데, 4주 후 결과를 보고는 모두 깜짝 놀랐다. 방송을 보는 시청자들도 전혀 다른 결과에 적잖은 놀라움을 가졌다.

우리가 사용하는 말은 허공에서 날리고 있어서 힘이 전혀 없는 것처럼 보인다. 하지만 연구해보고 실험해보니, 생명력이 전혀 없는 것 같은 말이 병 속 밥에 영향을 미치는 것처럼 우리 삶에 막대한 영향을 미치고 있다는 사실이다.

우리가 부지불식간에 사용하는 말, 우리가 아무렇게나 내뱉는 말, 이것들이 사물에 닿는 순간 선하게 혹은 못되게 상당한 영향을 미친다는 사실이다. 말의 영향력을 실감하지 않을 수 없다.

우리는 살아가면서 서로 좋은 관계를 원하고 다툼이나 갈등을 바라지 않는다. 그러기 위해서는 먼저 해야 할 일은 우리의 언어를 점검해보는 것이다. 말이 다툼이나 갈등 등 우리를 불편하게 만드는 환경에 알게 모르게 상당한 영향을 미치고 있기 때문이다.

영국 총리 윈스턴 처칠의 일화이다. 처칠이 연설을 위해 단상에

올라가다가 걸음을 헛디뎌 그만 넘어지고 말았다. 그러자 사람들이 그의 실수를 보고 웃었다. 단상에 올라선 처칠은 연설에 앞서 "여러분이 웃으니까, 한 번 더 넘어져야겠습니다."라고 해 웃음을 선사했다고 한다. 말은 긴장되고 어색한 순간이나 환경을 변화시키는 상당한 마력까지 지녔다. 누구나 잘 사용하기만 하면 놀라운 변화나 영향을 주고받을 수 있다.

말은 우리 삶에 에너지를 더해주는 중요한 요소임에 틀림없다. 매일 대화할 때 말의 힘을 알고, 서로에게 긍정적인 영향을 주고받으면 좋겠다. 이런 노력은 개인의 삶뿐만 아니라 사회 전체에 긍정적인 변화를 가져다줄 수 있다. 우리는 서로에게 긍정적인 언어를 사용하고, 이에 따라 얻어지는 관계의 깊이와 신뢰를 통해 더 나은 세상을 만들어가야 한다.

특별히 나와 가까운 사이에 있는 친구, 부부, 가족과 대화할 때 언어 사용에 유의해야 한다. 말의 기능과 힘은 우리에게 주어진 귀한 선물로, 어떤 선물보다 더 강하고 좋은 선물이라 하겠다.

여기에서는 이 선물을 마련하는 수고를 기꺼이 들이려고 한다. 부디 즐거운 마음으로 참여하면 평생 주변 사람들에게 좋은 선물을 줄 수 있을 것이라 확신한다.

말의 사용

우리가 사용하는 언어는 단지 소리만이 아니라 보물과 같은 귀한 선물이다. 정보만 담겨 있는 것이 아니다. 사람의 감정을 변화시키고, 에너지가 되고, 자신감과 희망을 주는 강력한 도구이기도 하다. 특히 긍정적인 말은 사람들의 마음을 열어주고, 두려움과 불안을 없애주고 편안함을 가져다주는 마약과 같은 역할을 한다.

우울증이나 불안장애를 겪고 있는 환자들에게 긍정적인 말로 피드백을 해주었더니, 환자들이 상당한 힘을 얻고 스스로 회복하는 일이 일어나기도 했다. 우리가 잘 알고 있는 플라세보 효과도 그런 것 가운데 하나다.

한 연구에 따르면 만성 통증을 호소하는 환자들에게 의사가 좋은 약이라며 진통제가 아닌 약효가 없는 설탕 알약을 제공했더니 상당수 환자가 통증 감소를 경험했다고 한다. 약 효능과는 별개로 약의 효험을 설명하고 약을 투약했더니, 가짜 약임에도 불구하고 상당한 효과가 있었다는 연구 결과다.

이런 플라세보 효과는 특히 심리적 요인이 강한 질환에서 효과가 두드러졌다. 예를 들어, 우울증이나 불안장애가 있는 환자 중

일부는 플라세보 치료를 통해 증상이 완화되는 경우가 많았다. 이는 의사의 말을 전적으로 신뢰하고, 치료에 대한 기대감이 뇌에서 화학적 반응을 일으키면서 긍정적인 결과를 가져온 것이라고 한다. 이는 신체적 반응이 단순히 약물 효과에 의해 발생하는 것이 아니라, 의사의 말을 듣고 환자의 심리적 상태와 기대감에 의해 영향을 받는다는 사실이다. 약효에 대한 말의 위력이 환자에게 긍정적인 작용을 했다는 설명이다.

따라서 플라세보 효과는 현대 의학에서도 상당히 중요한 연구 주제로 다루어지고 있다. 의사들은 환자와 대화할 때 긍정적인 언어를 사용하고, 치료에 대한 신뢰를 구축하기 위해 노력한다. 이는 단순히 의학적 치료를 넘어서 환자의 정신적, 정서적 안녕을 증진 시키는 데 상당한 기여를 하기 때문이다.

플라세보 효과는 우리가 사용하는 언어가 사람의 질병과 기대에 어떻게 영향을 미치고, 그 결과로 신체에 어떤 반응으로 나타나는지 충분히 설명해주고 있다. 결론적으로, 우리의 말은 단순히 의사소통을 넘어 인간의 심리와 신체에 깊이 영향을 미치고 있다는 점이다.

이렇게 우리가 사용하는 말은 의사와 환자 간의 관계에서부터 우리 일상의 대화에 이르기까지, 삶에 긍정적인 영향을 미치는 중요한 도구이다. 따라서 우리는 말의 힘과 능력을 인식하고, 이를 통해 더 나은 삶과 관계를 만들어나가도록 노력하는 것이 좋을 것이다.

　1950년 크리스마스이브, 헝가리 부다페스트에서 있었던 일이다. 한 늙은 걸인이 바이올린을 켜며 사람들에게 구걸하고 있었다. 오랜 시간 연주했지만 노인의 모금함에는 동전 몇 개만 놓여 있었다. 이때 그곳을 지나가던 한 중년 신사가 노인의 바이올린을 가지고 즉석에서 연주를 시작했다. 그러자 사람들이 삽시간에 몰려들어 신사의 바이올린 연주를 감상했다. 얼마 가지 않아 걸인의 모자에는 돈이 꽉 차고 넘쳤다. 잠시 후 중년 신사는 걸인에게 바이올린을 되돌려주고 골목 안으로 총총히 사라졌다. 그 중년 신사는 바이올린의 거장 파가니니였다. 똑같은 바이올린을 가지고 연주했는데 연주자의 모금함 상황이 완전히 달랐다. 누가 어떻게 사용하느냐에 따라 달라진 것이다.

우리는 말을 도구로 삶을 연주하는 연주자들이다. 늘 사용하는 같은 말을 가지고 어떤 사람은 사람을 살리기도 하고, 어떤 사람은 죽이기도 한다. 우리가 사용하는 말에 따라 상황이 전혀 달라진다는 얘기다. 사람을 살리는 말을 할 것인가, 아니면 죽이는 말을 할 것인가? 각자가 알아서 선택할 일이다. 하지만 필자는 여기에서 그 긍정의 기능에 방점을 두고 책을 써 내려갈 예정이다.

05

말의 효과

세계 어느 나라나 비슷한 모습을 보이지만 우리나라 사람들에게는 정치적으로 지역감정이라는 것이 아주 강하게 남아 있다. 자기 지역에서 지지하지 않는 정당은 아주 배척하는 경향을 보인다. 내가 좋아하는 당이 아니면 모든 것을 싫어한다. 반대로 그 정당이 좋으면 그에 따른 다른 것도 다 좋게 본다는 말이다. 이를 심리학에서는 '감정 전이'라고 한다. 처음 가진 느낌이나 감정이 다른 부분에 전이가 일어나 영향을 미친다는 말이다.

어떤 일을 만나도 그런 현상이 일어난다. 사람들은 이런저런 이유를 들어 반대하거나 찬성한다. 모두 다 날카로운 이성으로 분석하고, 합리적인 타당성을 들어 의견을 제시하는 것 같지만 실은 그 일이 얼마나 좋거나 싫은지에 대한 기분의 작용일 뿐이다. 겉으로는 그럴듯한 이유를 제시하지만 그런 논리 역시, 대부분 좋음과 싫음의 자기감정을 정당화하기 위한 도구일 뿐이다.

우리가 사용하는 말, 역시 내 내면에서 그 일에 대한 어떤 감정을 갖고 있느냐에 따라 달리 표현된다. 사람과 관계도 마찬가지다. 한 사람에 대한 평가 역시 내 마음에서 만들어진다.

말이 삶을 바꾼다

말도 마찬가지로 내 안에서 내 감정에 따라 만들어진다. 따라서 말을 잘하기 위해서는 내 마음 관리가 우선이다. 또한 사람들과 원만하게 잘 지내기 위해서는 상대방이 내 의견을 받아들이고, 기분 좋게 느끼도록 상황을 만드는 것이 좋다. 달리 말하면 다른 사람이 내게 호감을 갖도록 만드는 것이다. 그러한 기능으로서 말은 매우 유용한 도구가 된다.

사람은 말로 인해 가까워지기도 하고 멀어지기도 한다. 호감이 가는 사람은 말이 서로 잘 통한다. 말을 잘하는 사람 주변에는 사람들이 모여들고, 좋은 일을 함께 도모하려고 한다. 성공하는 사람은 말로 사람이 다가오게 만든다. 사업을 하더라도 즐겁게 해야 하는데 그 즐거움의 배경에는 말이 자리하고 있다.

주변 사람들이나 직원들을 관리하는 데 있어서도 마찬가지다. 남의 잘못을 큰소리로 지적해 봐야 잘 고쳐지지 않는다. 처음에 좋은 말로 충고할 수는 있지만 계속해서 잘못을 지적하거나 경고하면 오히려 관계만 훼손될 뿐이다. 그러니 차라리 내가 그 사람에게 호감을 얻든지, 아니면 칭찬하는 방법이 더 좋다.

황희(黃喜)가 정승으로 있을 때 일이다. 공조판서로 있던 김종서 (金宗瑞)는 성품이 거칠어 윗사람 앞에서 거들먹거리기를 잘하고, 그 태도가 몹시 거만했다. 의자에 앉을 때도 삐딱하게 비스듬히 앉아 거드름을 피우곤 했다. 이를 보다 못한 황희가 하급 관리를 불러 "김종서 대감의 의자는 한쪽 다리가 짧은 모양이니 가져가서 고쳐 오너라."라고 했다. 그 한마디에 김종서는 정신이 번쩍 들어서 사죄하고 자세를 고쳐 앉았다고 한다.

뒷날 김종서는 이때 일을 "내가 육진(六鎭)에서 여진족과 싸울 때 화살이 빗발처럼 날아오는 속에서도 조금도 두려워하지 않았는데, 황희 대감의 그 말씀은 나도 모르게 등에서 식은땀이 줄줄 흘러내리는 경험을 하게 했네."라고 했다. 짧은 말 한마디가 강직한 장수의 마음을 변화시켜 잘못을 뉘우치고 건방진 태도를 고치게 할 수 있었다. 이렇게 좋은 말은 사람을 변화시키고, 마음 깊

말이 삶을 바꾼다

은 곳에 있는 교만을 잠재우기까지 한다.

인간관계를 연구하고 있는 미국 데일 카네기 연구소에서는 성공한 사람들의 삶을 분석해서 발표한 적이 있다. '무엇이 사람에게 성공에 이르게 하는가?'에 대한 그들의 연구 결과는 우리가 생각한 것과 조금 달랐다. 기술과 실력은 15%의 영향을 끼쳤지만 인간관계와 공감 능력은 85%나 되었다고 보고하고 있다.

따라서 사람의 성공과 실패의 분기점은 인간관계에 있다고 할수 있다. 인간관계가 좋고 공감 능력이 좋다는 것은 역시 우리가 사용하는 말에서 시작된다. 따라서 우리가 사용하는 말을 점검하고 잘 활용할 필요가 있다.

성공하는 사람들의 말을 보면 현재에 있는 것이 아니라 대부분 미래를 향해 열려 있다. '어렵다', '힘들다', '괴롭다' 등의 말은 이미 경험해보니 그런 감정을 얻게 되었다는 과거를 말하는 단어다. 하지만 성공하는 사람들은 다가오는 미래의 말을 생각하고, 긍정을 만들고, 앞날을 꾸며낸다. 대표적으로 우리가 쉽게 느낄 수 있고 확인할 수 있는 것이라면, 죽기 전에 꼭 해보고 싶은 일과 보고 싶은 것들을 적은 목록 버킷리스트를 떠올릴 수 있다. 이런 방법으로 미래를 꿈꾸고 삶을 실천하는 것이 성공할 수 있는 좋은 방법 중 하나라 할 수 있다. 생활 주변에서 쉽게 만날 수 있는 아주 작은 것에서부터, 크고 원대한 것까지 다양하게 만들어 적용할 수 있다.

미국의 탐험가 존 고다드(John Goddard)는 1940년 15살이 되던 해에 노란색 종이에 '나의 인생 목표'라고 쓰고 그 아래 등산할 산, 탐험할 장소, 해보고 싶은 일, 배우고 싶은 일, 읽어야 할 책, 사진으로 남기고 싶은 장소, 수중탐험 장소 등으로 나눠 모두 127개 리스트를 적었다고 한다. 그리고 그 일들을 실천했는데, 1972년 미국『라이프』지에서 '꿈을 성취한 미국인'이라는 제목으로 소개되었을 때 그는 이미 104개의 꿈을 이뤘다고 한다.

또 데이비드 스워츠(David J. Schwartz)라는 사람은 1966년 28세에 무일푼의 청년이었다고 한다. 그는 『The Magic of thinking big』에서 자기 인생의 목표 107가지를 기록했다고 한다. 그 뒤로 38년이 지난 2004년에 자기 목표를 점검해본 결과 대부분 이뤘다고 한다.

말이 삶을 바꾼다

성공하는 사람들은 긍정적인 언어와 미래를 그리는 언어를 구사한다. 성공은 유명한 사람들만의 전유물이 아니다. 좋은 말로 내게 호감을 느끼도록 만들고, 시점으로는 미래의 언어를 구사하면 된다. 이런 노력을 기울인 사람이라면 누구나 성공의 영역에 들어섰다고 하겠다.

성공하는 사람들은 말이 다르고, 말이 과거가 아니라 미래에 가 있다. 우리 언어 습관을 돌아보자. 나는 어떤 말을 주로 사용하고 있는지······.

말해야 할 때, 들어야 할 때

우리는 늘 대화하면서도 말을 해야 할 때와 들어야 할 때를 잘 모르는 것 같다. 말을 마치고 나서 말할 때를 놓쳐서 아쉬워하는 경우가 있고, 또 어떤 내용을 들어야 할 때 듣지 못하고 놓쳐서 대화 흐름을 파악하지 못하는 예도 있다.

또 상황 파악에 서툴다 보니 남이 말하는 가운데 끼어들어 말을 방해하기도 하고, 또 엉뚱한 말을 해서 대화의 흐름을 돌려놓기도 한다. 모두 대화의 요령을 잘 몰라서 벌어진 일이다.

이런 일은 사람들이 말을 하거나 들을 때, 말을 해야 할 때와 들어야 할 때를 구분하지 못해서 일어난다. 사실 좋은 대화는 이런 구분을 잘 해내는 데서 출발한다. 내가 말해야 할 때는 말을 하고, 들어야 할 때는 들어야 대화가 잘 진행된다. 내가 말할 때가 되면 말을 하고, 또 상대가 말할 때 내가 들음으로써 대화가 오고가면서 상호 작용이 일어날 수 있기 때문이다. 그런데 이런 대화의 기본적인 기술이 없으면 종종 좋은 대화가 불편을 만들어내고, 심지어 언쟁으로 이어져 어려움을 겪기도 한다. 이런 어색함을 줄일 수 있도록 대화의 기초적인 기술, 말을 해야 할 때와 들어야 할 때를 언급해보려고 한다.

1. 말해야 할 때

말을 해야 할 때는 기본적으로 내 마음에서 무슨 욕구나 생각 등이 일어나 의사를 전달하고 싶을 때다. 예를 들어 '일어나고 싶다.' '밥을 먹고 싶다.' '학교에 가고 싶다.' '친구를 만나고 싶다.' 등과 같이 기본적인 욕구가 있을 때이다. 감정의 흐름이 평상을 유지하고, 개인적으로 혹은 외부로부터 조종당하지 않은 상태에서 하는 말들이다. 가장 기초적이면서도 당연한 말로 사람이라면 누구나 해야 하는, 꼭 필요한 말이다.

이런 형태의 말은 사람들이 기본적으로 잘하는 편이다. 대체로 이런 말들은 대화를 어색하게 만들거나 불편을 만들어낼 확률이 낮다. 그래서 크게 신경 쓰지 않아도 된다.

다음으로는 내 의견을 말해야 할 때다. 음식점에 가서 식사를 주문하거나 카페에 가서 음료를 선택할 때, 혹은 내 손익과 관련된 일을 만났을 때, 내 생각이나 의지를 말해야 하는 경우다. 이런 때라면 사람들이 당연히 말을 잘할 것으로 알지만 의외로 분위기에 휩쓸리거나 다른 사람의 권위에 눌려 자기 생각을 드러내지 못하는 경우가 많다. 그래서 옆에서 주문한 음식을 같이 먹거나, 상당한 손해를 보고 나서 나중에 후회하기도 한다.

다음으로는 내가 불편을 느낄 때는 말을 해야 한다. 부모나 선생님, 그리고 상사로부터 꾸지람을 듣거나 외부로부터 어떤 불편이 주어졌을 때, 혹은 어떤 충격이나 힘이 가해졌을 때는 말을 해야 한다. 사람들이 앞의 두 경우는 비교적 잘하지만, 이 경우에는 상대 혹은 그런 일과 관련된 사람에게 불편을 끼칠까 봐 망설이는 경우가 많다. 하지만 이럴 때는 반드시 내 생각이나 의견을 말할 수 있어야 한다. 그렇지 않고 마음에 담아두면 마음에 병이 생겨 몸의 병까지 얻을 수 있다. 내가 불편을 느껴도 말하지 않고, 참고 참아 가슴에 묻어두면 나중에 큰일로 이어지거나 몸에 큰 병이

말이 삶을 바꾼다

생길 수도 있다.

다만 유의할 것은 마음이 불편하다고 해서 상대 행동이나 말을 지적, 원망하거나 마음대로 재단하는 말을 해서는 안 된다. 오히려 마음이 더 불편해지거나 관계에 문제가 될 수도 있다. 따라서 여기에는 매우 중요한 대화 기술이 필요하다. 이때 말하는 방법은 본서의 제5장에서 잘 소개하고 있다. 이 방법을 따르면 좋을 것이다.

그다음 말을 해야 할 때는 서로 불편을 느끼지 않은 상태, 즉 일상적인 보통의 감정일 때이다. 이때는 서로 좋은 관계라 아무런 말을 하지 않아도 될 줄 알지만, 이런 때라고 가만히 있는 것보다는 상대의 좋은 점을 찾아 칭찬하는 것이다. 그리고 감사를 표현하는 것도 좋다. 특별한 감정이 없을 때 하는 이런 말들은 서로 관계를 증진할 수 있는 좋은 도구가 된다. 보통 때, 보통의 순간을 생활하면서 그냥 무언(無言)의 상태로 지내는 것보다는 상대의 좋은 점, 편안한 점, 고마운 점들을 수시로 말하는 것이다.

이렇게 하는 사람이 대화를 잘하는 사람이다. 그 구체적인 방법은 본서 5장 6절에서 자세히 설명하고 있다. 여기를 참고하면 도움이 될 것이다.

2. 들어야 할 때

　남의 말을 들어야 할 때는 내가 말해야 할 때처럼, 상대가 말하려는 의지를 보일 때다. 사소한 조언처럼 보이지만 이런 듣는 태도는 대화에서 매우 중요하다. 만일 이 태도가 바르지 못하면 대화가 어긋나기 쉽다.

　사람들이 대화하는 모습을 보면 들어야 할 때를 잘 구분 못하는 것 같다. 들어야 할 때를 모르고 상대가 말하는 내용 중 나와 관련된 내용이 나오면 그걸 가로채 자기 말을 하는 사람들이 있다. 또 상대가 하는 말과 전혀 다른 내용을 물어보거나 말하기를 바라는 사람들도 있다. 또 상대 말을 듣더라도 자기 일을 하거나, 핸드폰을 보면서 듣거나, 자기가 하던 행동을 그대로 하면서 듣는 사람도 있다. 모두 들어야 할 때를 모르는 사람의 대화 방법이다.

　　　　　　　　　　　　　　　　　　　　　　　　　말이 삶을 바꾼다

다음으로 들어야 할 때는 상대가 감정의 불편을 겪고 있을 때다. 이때는 반드시 들어야 한다. 이런 때는 말하는 사람과 아주 가까워질 수 있는 매우 좋은 기회다. 사람이 불편을 느끼면 위로받고 싶거나 불편한 문제가 해소되기를 바라고, 또한 그 감정을 누군가에게 말하고 싶어진다. 이때 그 이야기를 들어주면 화자는 청자를 매우 친절한 사람으로 또는 정을 나눌 수 있는 사람으로 알게 된다. 그래서 상대가 불편을 느껴 말하는 경우라면 반드시 들어야 한다.

들을 때는 상대가 편하게 말할 수 있도록 중간에 끼어들거나 평가하지 말고, 기다려주면서 들으면 된다. 상대 말을 들을 때도 적절한 대화 기술이 있는데, 이 기술 역시 본서 제5장에서 잘 설명하고 있다. 이 기술을 사용하느냐 그렇지 않으냐에 따라 대화의 양상은 전혀 달라진다.

간단한 예를 들어보면, 친구가 어느 날 "몹시 힘들고 괴로웠어."라고 말한다. 이런 경우라면 상대가 지금 불편을 겪고 있다는 증거이다. 그러면 여기에서 제시하고 있는 것처럼 내가 들어줘야 할 때다. 그러니 그 감정을 인정하면서 들어주면 된다. 그런데 많은 사람은 그러지 못하고 부지불식간에 "괴로움은 너만 겪는 거 아냐.", "다들 너처럼 그렇게 힘들게 산다고.", "그런 정신으로 어떻게 사니?"라는 반응을 보이기도 한다. 그러면 대화는 쉽게 마무리되고, 불편은 해소되지 않은 채 대화가 끝나고 만다.

이렇게 대화하는 사람들은, 그 사람들이 매정하거나 못된 사람이어서 그런 것이 아니다. 이유가 있다면, 모두 대화법을 몰라서 그런다. 상대방의 말을 들어줘야 할 상황인데 그것을 몰라서 들어 주지 않아서 그런다. 또 이런 상황에서 말하는 방법을 몰라서 그런다. 이런 경우, 그냥 듣는 것보다 좋은 기술을 사용하면 좋은 대화를 할 수 있다. 그 방법은 이 책 5장에서 잘 다루고 있다. 이 곳을 통해 좋은 대화법을 배울 수 있기를 기대한다.

말이 삶을 바꾼다

말의 역기능

우리 속담에 "말이 씨가 된다."라는 말이 있다. 말에 따라 어떤 현상이 실제 현실에서 그대로 실현된다는 말이다. 이 말은 말의 부정적인 기능을 언급할 때 주로 사용한다. 말의 위력이나 말의 가치를 보여주는 말이기도 하다.

우리나라에는 일찍이 생활의 길흉화복·성쇠득실(盛衰得失)에 대한 징조, 또는 예언이라고 하는 도참설이 있었다. 『삼국사기』 「백제본기(百濟本紀)」에 보면, 660년(의자왕 20)에 귀신 하나가 하늘로부터 내려와서 "백제는 망한다. 백제는 망한다."라고 연거푸 외치고 나서 땅속으로 들어갔다. 왕이 사람을 시켜 그 자리를 파보게 했더니, 길이 90㎝쯤 들어가서 거북 한 마리가 나왔는데, 그 등에 "백제는 둥근 달 같고, 신라는 초승달 같다(百濟同月輪 新羅如月新)." 라는 예언이 있었다고 한다. 백제는 기울게 생겼고, 신라는 자라나게 생겼다는 말이다. 과연 이 말은 나중에 신라의 통일로 실현된 셈이다.

또 이런 것도 있다. 앞서 무심히 했던 말이 뒷날 그대로 성취된 경우다. 이를 '시참(詩讖)'이라고 하는데, 대개 언어의 주술적 힘을 믿어 말을 함부로 해서는 안 된다는 것을 경계하고 있다.

예전에 이승만 대통령이 '남북통일(南北統一)' 넉 자의 휘호를 하고 있었다. 기세 좋게 잘 나가던 붓이 마지막 '한 일' 자 한 획을 긋는 순간, 중간이 반으로 잘리고 말았다. 잘 나가던 붓끝이 하필이면 한 일 자 가운데 허리에서 두 동강이 나고 말았다. 사람들은 이를 두고 남북 분단의 '서참(書讖)'이라고 말하기도 했다.

또 『지봉유설』에는 중국 유명한 기생 설도(薛濤)에 대한 일화가 있다. 어렸을 때 오동나무를 시제(詩題)로 시를 지으라 했더니 다음과 같이 지었다고 한다.

　　　　　　　　　　　　　　　　　말이 삶을 바꾼다

가지는 지나는 새를 맞이하고　　　枝迎南北鳥

잎새는 오가는 바람 배웅하누나　　葉送往來風

　우물가 오동을 읊는다는 것이 오가는 새를 맞이하고 지나는 바람마다 잘 가리고 전송한다고 했다. 그러자 사람들이 커서 기생이될 사람이라고 수군거렸다. 나중에 그녀는 시의 내용처럼 좋은 가문의 딸이었지만 기생이 되었다고 한다.

　또 송나라 때에 한 소녀가 다음과 같이 들꽃을 노래했다.

다정한 목동들이 머리에 비녀 꽂고　　多情樵牧頻簪髻

주인 없는 벌, 꾀꼬리 멋대로 묵어 가네　　無主蜂鶯任宿房

　이 시를 본 사람들은 이 소녀가 나중에 화류계로 나갈 것으로생각했다. 시에서 임자 없는 벌과 꾀꼬리가 묵어 간다는 내용을보고 한 소리다. 이 소녀 역시 나중에 그렇게 되었다고 한다.

　우리가 잘 아는 머피의 법칙(Murphy's Law)도 있다. '잘못되는 것은 원래 그런 것'이라는 뜻으로, 일이 좀처럼 풀리지 않을 때 쓰는말이다. 우연히도 마음이 급해서 택시나 버스를 타려고 기다리면그 많던 차들이 주변에 잘 보이지 않거나 오지 않는다.

옛날 시골에는 집마다 개를 길렀다. 그러다 보니, 동네 사방에 개똥들이 흔하게 있었다. 그런데 막상 사용하려 들면 그 흔한 개똥도 보이지 않는다. 그래서 생겨난 말이 "개똥도 약에 쓰려면 없다."라는 말이다.

말은 알게 모르게 이렇게 우리에게 상당한 영향을 미치고 있다. 우리에게 긍정을 가져다주기도 하고, 부정적인 정서나 결과를 만들어내기도 한다. 사람은 누구나 부정적인 삶보다는 긍정적인 삶을 원한다. 그렇다면 우리는 우리 말을 점검해볼 필요가 있다.

탈무드에 보면 "험담은 살인보다 더 위험하다. 살인은 한 사람만 죽이지만 험담은 세 사람을 죽인다. 퍼뜨린 사람, 듣는 사람, 험담

말이 삶을 바꾼다

의 대상이 된 사람이 그것이다."라는 말이 있다. 못된 말은 이렇게 사람을 괴롭게 만든다. 그리고 사마천이 쓴 『사기』「장의열전」에 보면 "여러 사람의 입은 쇠도 녹이고, 헐뜯음이 쌓이면 뼈도 깎는다(衆口鍊金, 積毀鎖骨)."라는 말도 나온다. 사람의 말이 그만큼 세고 강하다는 말이다. 그러니 우리는 말하는 법을 배우지 않고 함부로 사용해서는 안 된다.

앞에서 말의 힘과 위력, 그 영향력을 알아봤다. 말이 우리에게 얼마나 소중한 도구인지 알 수 있다. 이제 우리에게 막대한 영향을 주고 있는 '말하는 법'에 대한 이야기를 진행하려고 한다. 부디 적극 관심을 두고 배워서 긍정적이고, 성공적이고, 미래지향적인 아름다운 삶을 살 수 있기를 소망한다.

제2장

성격과 말

01

MBTI 성격 유형과 말

우리의 성격은 사람마다 모두 달라서 각자의 삶과 언어 형태까지 결정하는 요인이 된다. 성격에 따라 말이 달라진다는 말이다. 따라서 사람의 성격 특성을 아는 것은 그 사람의 언어 기저를 탐색할 수 있는 중요한 단서가 된다. 그 이야기를 우리에게 잘 알려진 MBTI 내용을 중심으로 알아보려고 한다.

MBTI(Myers-Briggs Type Indicator)는 캐서린 브릭스(Katherine C. Briggs), 이사벨 마이어스(Isabel B. Myers), 피터 마이어스(Peter Myers) 3대에 걸쳐 70년 동안 연구 개발된 비진단성 성격 유형 검사다. 여기에서는 사람의 성격을 네 가지 기준에 따라 구분하고 있다. 이 기준에 따라 사람의 성격과 관련된 말의 모습을 알아보려고 한다.

말이 삶을 바꾼다

1. 외향형(E) – 내향형(I)

외·내향형은 사람의 성격에 조금이라도 관심 있는 사람이라면 쉽게 파악할 수 있는 특성이다. 에너지 사용을 자기 밖으로 사용하는 사람과 자기 내면, 즉 안으로 사용하는 사람으로 구분한다. 외향형의 사람들은 에너지를 밖으로 타인과 관계 속에서 사용하고, 내향형의 사람들은 자기와 내면을 향해 사용한다.

1) 외향형(E)

이들은 우선 말이 많고, 말을 잘하며, 목소리가 커서 시끄러운 사람처럼 보인다. 공부는 못하더라도 말은 어디에서 그렇게 잘 끌어오는지 거짓말도 참말처럼 잘 둘러대기도 한다. 말에 대한 반응 속도 역시 빠르고 적극적이다. 이들은 모르는 분야가 없는 것처럼 다양한 분야, 다양한 형태의 대화에 잘 끼어든다. 이들과 같이 있으면 시간 가는 줄 모르고 재밌다.

주변에 친구들이 많고, 선후배뿐만 아니라 지역을 넘어 다양한 사람들과 교제 나눈다. 어느 곳, 어떤 상황에서도 기죽지 않고 주변 사람을 권하거나 선동하기도 한다. 여러 사람 앞에 나서서 말하기를 좋아하고, 자기를 잘 드러낸다. 개그맨들을 보면 이들의 특성을 쉽게 알 수 있다.

이들은 주로 바깥 활동을 즐기는 사람들이라 주변 친구들을 모아 끌고 다니면서 활동적인 일을 많이 한다. 이들에게 집에서 혼자 오래 지내라고 하면 우울증을 앓을 정도로 힘들어한다.

단점으로는 주변 사람들을 고려하지 않고 혼자 말을 많이 하는 탓에 남을 무시하고 업신여긴다는 말을 듣거나 시끄럽다는 말을 듣기도 한다. 단점을 보완하기 위해서는 주변 사람을 잘 돌아보고, 남을 위하고, 상황에 따라 자기 말을 줄이고, 겸손할 필요가 있다.

2) 내향형(I)

내향형은 에너지를 자신과 내면으로 사용하는 사람들이다. 말이 적고 목소리 또한 작다. 주로 혼자 집에서 조용히 지내면서 책을 보거나 음악을 듣고, TV 보는 것을 좋아한다. 사람들이 모이는 곳에 잘 가지 않지만 가더라도 스스로 참여하기보다는 권유에 못 이겨 꼭 필요한 몇 군데만 참여한다. 모임에서 활동할 때도 자기에게 맡겨진 일이 아니라면 직접 나서서 모임을 주도하거나 이끌지 않는다.

단점으로는 말이 적고, 소극적인 태도로 인해 이익 얻는 것보다 손해 보는 경우가 많을 수 있다. 다른 사람과 말을 많이 하다 보면 에너지를 뺏겨 허탈해질 수 있다. 자기 관리를 잘할 필요가 있다.

2. 감각형(S) – 직관형(N)

정보를 수집하는 방법에 따라 감각형과 직관형으로 나눈다. 감각형(S)은 오감(五感), 즉 만지고, 듣고, 보고, 맛보는 것 등의 감각을 통해 정보를 받아들인다. 반면에 직관형(N) 사람들은 경험보다는 어떤 일의 이면에 담긴 의미나 가치를 잘 파악한다. 어떤 행동이나 현상 자체보다는 그 이면의 의미나 가치를 직관적으로 잘 파악한다.

1) 감각형(S)

이들은 어떤 일을 몸으로 직접 경험하고 체험하는 것을 좋아한다. 따라서 과거로부터 현재까지 자기가 경험했던 일, 혹은 익숙한 일을 중심으로 정보를 파악한다. 그러다 보니 익숙한 길이나 환경을 선호하고, 그 경험을 지식으로 삼는다. 따라서 손으로 직접 하는 작업, 몸을 직접 이용해 무엇을 조종하거나 조작하는 일을 잘한다.

이들의 말하는 모습을 살펴보면 역시 자기가 만났던 사람, 경험했던 일, 공부, 사건 등을 화제로 삼는 것을 좋아한다. 남자면 군대 이야기를 좋아하고, 역사 이야기를 좋아한다. 그래서 이들의 말에는 과거 경험이 많다. 이들이 말을 잘하려면 경험이 많아야 한다. 그리고 그 경험을 있는 그대로 설명하는 것을 잘한다.

2) 직관형(N)

이들의 시점은 현재로부터 미래에 있다. 그래서 과거보다는 현재로부터 미래에 일어날 일에 관심이 많다. 만일 AI나 로봇에 관한 대화라면 이들은 조종이나 활용, 이용하는 것보다는 이들이 앞으로 어떻게 변화, 혹은 발전해나갈 것인가에 대한 관심이 더 많다. 그래서 손으로 하거나 어떤 도량형을 짐작하는 것을 어렵게 여긴다. 그리고 이들은 적금을 들어도 10년 후처럼 먼 미래나 긴 것을 선호하고, 염려하더라도 먼 미래, 졸업 후 혹은 은퇴 후를 생

말이 삶을 바꾼다

각한다. 그래서 이들은 아직 다가오지 않은 일을 가지고 염려하기도 하는데, 그 옛날 하늘이 무너질 것을 염려했다(기우)는 기(杞)나라 사람의 일화처럼, 아직 일어나지 않은 일에 대한 관심이 많다. 그래서 쓸데없는 걱정을 미리 늘어놓는 경우가 많고, 앞으로 될 일에 관한 대화를 좋아한다.

사례를 들어보면 친구가 아프다고 한다. 그러면 감각형 사람들은 '친구가 아픈가 보다.' 혹은 '힘들겠구나.'처럼 있는 그대로 수용한다. 그런데 직관형 사람은 '너 또 꾀병 부리는 거지?', '너 무슨 일이 있었니?'처럼 반응하게 된다.

또 어느 날 친구가 어두운 표정으로 나타나면 감각형 사람은 '친구가 어디 불편한가 보다.'라고 생각하는데, 직관형 사람은 '집에서 가정불화가 있었을까?' 아니면 '나에게 불만이 있을까?' 등을 생각한다. 감각형은 아픈 것 그 자체 혹은 불편한 모습과 같은 실제 상황에 관심을 가지지만, 직관형은 어떤 현상이나 사건의 내면에 감춰진 그 의미를 잘 읽어낸다.

사회의 일로 예를 들면 정부에서 어느 지역에 댐 건설을 하겠다고 한다. 감각형의 사람들은 '국가에서 전기나 물이 필요해서 이런 사업을 진행하나 보다.'라는 형태로 수용한다. 반면에 직관형들은 '환경 파괴를 해가면서 이런 사업을 하다니, 토목공사로 사업자들에게 무슨 이익을 주고 싶은가 보다.' 혹은 '건설 경기를 부양해서 경제를 살리려고 하는가 보다.'라는 형태로, 그 일 바탕에 담겨 있을 법한 내용을 잘 파악한다. 이렇게 사람들은 같은 정보를 놓고 자신들의 성격적 특성에 따라 서로 다르게 인식하고 수용한다는 것이다.

따라서 사람마다 같은 정보를 가지고도 성격 유형에 따라 행동 양식이나 말이 전혀 다르게 나타나기도 한다. 이런 결과를 두고 사람들은 나와 다른 형태의 생각이나 말을 하면 이해하기 어렵다 며 상대를 비난하거나 열등한 사람으로 여기기도 한다. 하지만 이 는 성격이 서로 달라서 벌어진 일일 뿐, 어떤 성격이 좋고 나쁘다 거나 혹은 어떤 성격이 우등하고 열등하다고 할 수는 없다. 그런 데도 이를 두고 싸우면서 서로 의견이 갈리기도 한다.

우리가 살다 보면 나와 다른 유형의 사람을 만나게 되는데, 그러 면 감각형은 직관형을, 직관형은 감각형을 서로 불편하게 여길 수

말이 삶을 바꾼다

있다. 이런 성격의 차이에서 오는 점을 모르고 대화하면 당장 대화가 서로 겉돌기 쉽다.

이를 방지하기 위해서는 토마스 고든 박사의 제안을 들을 필요가 있다. 사물이나 사건의 인식 유형이 서로 다르더라도 대화할 때는 가급적 사실을 사실로 인식하고 있는 그대로 사진 찍듯이 말하라는 것이다.

이런 말을 하면 직관형 사람들은 매우 불편하게 여긴다. 사실대로 말하고 수용하는 것을 어렵게 여기기 때문이다. 예를 들어 상대방의 어떤 행동을 보고 "너는 왜 그렇게 게으르니?"라고 말하면 듣는 사람은 '내가 게으른 게 아닌데' 또는 '내가 게으른 거라면 저는?'이라고 생각하게 돼 대화가 불편해질 수도 있다. 그 때문에 대화할 때는 있는 그대로 "…을 어제까지 해야 하는데 못 했구나." 혹은 "오늘 약속 시간 30분 늦었구나."처럼 있는 그대로 말하라는 것이다. 그래야 대화의 본질로부터 이탈하지 않기 때문이다.

3. 사고형(T) – 감정형(F)

판단 방법에 따라 사고형(T)과 감정형(F)으로 구분한다. 사고형 사람들은 어떤 일을 만나면 이성에 근거해 합리적이고 논리적으로 판단한다. 반면 감정형 사람들은 주변 상황이나 다른 사람의 입장을 고려해 결정한다. 논리와 이성을 사용하지 않는 것은 아니지만, 자신이 처한 여건이나 상대방의 입장을 먼저 생각한다는 말이다.

1) 사고형(T)

이들은 질서와 객관적인 원칙에 따라 옳음과 그름을 구분해낸다. 한번 기준이 정해지면 쉽게 타협하지 않고, 다른 사람의 의견이나 생각 또한 잘 받아들이려고 하지 않는다. 이들은 사람의 행동도 윤리적으로 바른지 그렇지 않은지 금세 구분하고, 당장 비판하거나 두둔하는 모습을 보이기도 한다. 그러니 당연히 다른 사람의 잘잘못을 잘 가려내고 지적도 잘한다. 이들은 논리적인 말을 좋아하고, 일의 진행도 순차적이고 합리적이기를 원한다. 그러다 보니 원인과 결과를 분명히 따져 말하고, 그 원인에 대한 것도 논리적으로 들이댄다.

따라서 이들과 대화할 때는 꿈이나 이상, 허무맹랑한 소설 같은 이야기는 관심을 얻지 못한다. 따라서 현실적인 이야기를 화제로 삼으면 무난하다. 상대 입장이나 주변 환경 상황을 살피지 않고 논리적이고 합리적으로 말하는 사람들이라 자칫 냉정하고 차가운 사람으로 보일 가능성이 있다.

말이 삶을 바꾼다

2) 감정형(F)

이들은 남의 눈치를 보면서 상황을 파악하고, 또한 다른 사람의 처지를 생각하면서 말한다. 이들은 어떤 불편이나 어려운 상황을 만나더라도 상대 입장을 염려해서 자기가 하고 싶은 말을 참기도 한다. 이들은 스스로 정감(情感) 있고 다정다감한 사람이기를 바라고, 또 그런 사람을 좋아한다. 만일 상대와 의견이 엇갈리면 감정이 상하지 않는 방법으로 해결하려고 노력한다.

어떤 문제를 만나면 기술적인 측면보다는 인간적인 면을 더 중요하게 여긴다. 그래서 인정을 생각하느라 머뭇거리거나 망설이다가 때를 놓치기도 한다. 이들은 동정적(同情的)이고, 인정적이며 상대 입장을 많이 헤아린다는 평을 듣는다. 따라서 이들의 대화는 따뜻하고 정감이 있으며, 배려하는 말이 대화의 질을 결정한다.

서로 다른 성격적 특성을 가진 사람들과 만나 대화하면 당장 대화가 불편해질 수 있다. '옳고 그름도 모르고, 아무 일에나 동조할 수 있느냐?'라고 안타까워하는 사람이 있을 수 있고, 또 다른 사람은 '사람이 어찌 그리 매정하게 굴 수 있느냐?'라고 투덜댈 수도 있다.

사고형 사람들은 논리적으로 너무 따지기 때문에 인간으로서 따뜻함이 없는 사람으로 보이기 쉽고, 또 감정형 사람들은 주변 환경의 눈치를 살피다 보니, 일이 마무리되지 않거나 내 삶이 피곤해질 수도 있다. 이런 차이가 있으니, 자기 성격만 고려해 대화하면 대화를 그르칠 수 있다는 점을 기억하면 좋겠다. 결론적으로 사고형들은 상대의 입장을 고려하는 말과 태도를 보이려고 노력하고, 감정형의 사람들은 너무 사람 사이의 정에 이끌려 에너지를 낭비하지 않도록 하는 것이 좋다. 대화에서도 이런 특성을 염두에 두고 대화하면 좋은 대화를 할 수 있겠다는 생각이다.

말이 삶을 바꾼다

4. 판단형(J) - 인식형(P)

성격적 특성 네 번째로, 생활 양식에 따라 판단형(J)과 인식형(P)으로 나눈다. 판단형의 사람들은 필요한 정보를 어느 정도 얻으면 외부 세계에 대해 빠른 판단을 내린다. 반면 인식형의 사람들은 외부에서 제공되는 정보에 관심이 많아 정보 자체를 좋아하고 즐긴다. 따라서 결정이 느린 편이다. 반면에 다양한 정보에 관심이 많아 이것저것에 관심을 보이기 때문에 새로운 사건이나 변화에 개방적이며 수용적이다.

1) 판단형(J)

이들은 주어진 정보를 잘 판단하기 때문에 어떤 일을 만나면 체계적으로 계획을 세워 차근차근 진행해 끝까지 마무리한다. 공부를 하더라도 한자리에 오래 앉아 꾸준히 한다. 이들은 자기 기호(嗜好)가 분명해서 카페나 음식점에 가더라도 망설이지 않고 자기가 먹고 싶은 음료를 당장 말한다.

또 어떤 물건을 사러 가더라도 구매할 물건 목록을 적어 가거나 무엇을 살 것인지 미리 머리에 정리해 가서 물건을 고를 때 비교적 쉽고 빠르게 선택한다. 그 대신 새로운 정보에 민감하지 못하고, 융통성이 다소 부족하다는 단점을 가지고 있다. 그래서 이들과 대화할 때는 머뭇거리거나 주춤거리면 매력이 없는 사람으로 보일 수 있다.

2) 인식형(P)

이들이 결론을 내리기 위해서는 충분한 정보가 있어야 한다. 정보가 다 수집되기를 기다려 판단하기 때문에 결정을 내리기까지는 상당한 시간이 걸린다. 물건을 고를 때에도 얼른 선택하지 못하고 이것저것 보면서 정보를 파악하느라 많은 시간을 허비하기도 한다. 어떤 경우 조사하느라 에너지를 다 쏟는 바람에 정작 구매할 때는 허술하게 하는 실수를 저지르기도 한다.

이들은 일을 시작하면 끝까지 마무리하지 못하고, 다른 일에 관심을 보이거나 또 다른 일을 시작하기도 한다. 예를 들어 메일 확인하려고 컴퓨터를 열었다가 곧 메일을 확인하지 않고 다른 여러 기사를 검색하며 즐기다가 정작 봐야 할 메일은 나중에 보거나, 어떤 경우 내용을 보지 않고 닫는 일도 있다. 만일 일을 할 경우, 이 직업을 가졌다가, 저 직업으로, 또 다른 직업으로 옮겨 다닐 가능성이 크다. 그래서 곁에서 보면 끈기가 없는 사람처럼 보이기도 한다.

이런 경향은 독서 태도에서도 잘 드러난다. 책 한 권을 들면 끝까지 읽지 못하고 중간에 책갈피를 끼워두고 쉬었다 읽기를 반복한다. '어차피 언젠가 한 권을 읽으면 될 것인데 조금 쉬었다 가면 어쩌랴?' 하면서 여유를 가진다. 글의 양이나 분량으로 본다면 단

말이 삶을 바꾼다

편소설이나 길면 중편소설, 수필이나 기행문 정도를 선호한다. 이들과 대화할 때는 여러 방면의 다양한 주제를 옮겨 다니며 대화하는 것이 좋다. 그리고 그 대화는 끝까지 가지 않아도 된다. 할 수 있는 부분까지만 하면 된다.

이상의 정리를 통해 보면, 판단형의 사람들이 인식형의 사람들을 보면 끈기가 없는 사람으로, 또한 가치관이 없는 사람으로 볼 수 있다. 또한 인식형 사람들이 판단형 사람들을 보면 융통성이 없고 고집이 센 사람으로 볼 수 있다. 나와 다른 성격의 장점을 도리어 단점처럼 여기기도 한다. 이런 점을 모르고 대화하면 관계를 해칠 수도 있다.

찻집에 가서 음료를 고르는데, 인식형의 사람들은 무엇이 몸에 좋은지 해로운지, 또는 어느 게 맛이 좋은지, 현재 기분을 도울 수 있을지 등 정보를 파악하느라 머뭇거리고 선택을 어렵게 여긴다. 그러면 판단형 사람은 성질이 급해서 "대충 먹어.", "생각을 그만하고 골라."라는 말을 할 수 있다. 또한 인식형의 사람들은 판단형의 사람들을 보고 성질이 급한 사람, 자기 할 일만 하는 사람으로 여길 수 있다. 따라서 이런 성격적 특성을 알고 대화에 임하면 좋은 대화는 물론 좋은 인간관계를 가질 수 있다.

지금까지 MBTI에서 알려주고 있는 사람의 성격적 특성을 간략하게 알아봤다. 요즘에는 이런 내용이 비교적 잘 알려져서 사람들이 어느 정도 알고 있는 내용이기도 하다. 만일 여기에 관심이 없거나 아는 지식이 없다면 젊은 날 필자가 저질렀던 무지하고 어리석었던 경험을 하게 될는지도 모르겠다.

나와 다른 유형의 사람을 만나면 '저 사람은 왜 저러지?', '저 사람은 왜 저런 말을 할까?' 혹은 '저 사람은 왜 저런 행동을 할까?' 같은 고민을 끝없이 하게 될 수도 있다. 또 어떤 경우는 나와 다른 행동이나 의견을 제시하는 사람을 만나면 도저히 용납할 수 없는, 결코 이해할 수 없는 사람이라며 불쾌감을 느끼고 관계를 정리하고 싶은 마음이 들지도 모르겠다.

사람의 성격을 모르면 남에게 상처를 주기도 쉽고, 나 또한 상처받기도 쉽다. 대화할 때, 사람의 성격을 알고 나누면 불편을 어느 정도 줄일 수 있다. 그뿐만 아니라 상대를 이해할 수 있는 좋은 도구가 되기도 한다. 따라서 우리가 만나는 사람들과 관계의 지평도 넓어질 수 있다는 사실을 알고 잘 익혀두면 좋겠다는 생각이다.

말이 삶을 바꾼다

02

기질 유형과 말

사람은 태어나면서부터 고유한 기질을 가지고 태어난다. 이는 사람을 구분하고 특징짓는 근간이 되는 동시에 성격 형성의 기본 재료가 된다.

사람의 성격은 이 기질이 여러 환경을 만나면서 적응하기 위해 만들어진 의식들이 더해져 완성된다. 따라서 사람을 바르게 알고 이해하려면 사람의 기질을 아는 것이 매우 중요하다. 그래서 요즘에는 기질을 알기 위한 여러 기질 유형 검사 자료들이 잘 나와 있다. 이 자료들을 근간으로 간단하게 기질을 알아보면서 사람의 성격과 언어 습관에 어울리는 대화법을 알아보려고 한다.

1. 기질과 성격

우리가 대화할 때, 사람의 성격적 특성과 기질을 알면 대화에 상당한 도움을 받을 수 있다. 사람은 외형으로 보면 모두 다 같은 사람처럼 보이지만 조금 다가가 들여다보면 서로 전혀 다른 사람임을 알 수 있다. 내 기준으로 봤을 때 나와 비슷한 성격의 사람을 만나기도 하지만, 반대로 전혀 다른 성향의 사람을 만나기도 한다.

만일 나와 전혀 다른 사람을 만나면 '저 사람은 왜 저런 모습으로 살아가는 걸까?' 또 '왜 저런 방식으로 살까?'라는 생각을 할 수도 있다. 때로는 '저 사람은 아주 못된 사람', 혹은 '이상한 사람'으로 낙인찍기도 한다. 이런 생각은 모두 사람의 존재 특성을 잘 몰라서, 그러니까 사람은 다양한 성격적 특성을 가진 존재라는 사실을 잠깐 잊고 나를 기준으로 판단했기 때문이다. 그래서 사람의 특성을 아는 것은 사람을 이해하고 관계를 맺어나가는 데 상당한 도움을 준다. 그래서 여기에서는 사람이 태어나면서 가지고 있는 기본 바탕인 '기질'에 대해 살펴보려고 한다.

기질이란 개인의 정서적 특징으로, 부모로부터 물려받은 성격의 핵심 요소를 말한다. 따라서 선천적으로 타고나는, 그 사람을 움직이고 활동하게 하는 근원적인 힘이자 유전적인 요소라 하겠다. 그래서 기질은 근본적으로 변하지 않는, 그 사람만이 갖는 성격 특성이다. 기질은 인생의 시기로 보면 대부분 어릴 때부터 청소년기에 강한 영향을 미친다. 성인이 되면 자기 기질의 장단점을 어느 정도 알고 갈고 닦아 보완해가면서 그 영향력이 조금 떨어지는 경향을 보인다.

말이 삶을 바꾼다

사람의 성격은 이 기질을 바탕으로 개인이 성장하면서 만나게 되는 환경, 가정, 종교, 학교, 사회 등과 같은 여러 여건이 개입되면서 여기에 적응하기 위해 각자가 만들어낸 개인의 적응 방식이 결합하면서 형성된다. 그래서 성격은 다른 사람과 구별되는 개인의 독특한 특성이 된다. 연구자들에 따르면 성격은 대체로 부모로부터 물려받은 50%의 기질과 가정 환경, 종교 활동, 생활 환경, 학교 환경, 직장 등 후천적인 요소 50% 정도가 결합하면서 형성된다고 한다.

2. 기질 유형

대표적으로 1928년 미국 컬럼비아대학의 마크스톤 박사가 고안한 DISC(Dominace - 주도형, Infiuence - 사교형, Steadiness - 안정형, Conscentiousness - 신중형)를 통해 네 유형의 기질 특성을 중심으로 알아본다. 네 유형은 아래 도표처럼 단순하게 정리해볼 수 있다.

	빠르다, 외향적		
목적 중심	주도형	사교형	관계 중심
	신중형	안정형	
	느리다, 내향적		

3. 주도형

1) 행동과 생활 태도

이들은 강렬한 눈빛을 지녀 외모에서 풍기는 이미지만 보더라도 금방 감지해낼 수 있다. 그리고 남에게 절대 지지 않을 것 같은 강인함과 상대를 압도하는 기운을 지녔다. 행동은 상당히 빠르고 목소리 또한 크고 힘이 있다. 일을 결정할 때, 정확한 판단력으로 빠르고 확실하게 결정 내린다. 자기가 하는 일은 반드시 자기가 책임을 지려고 한다. 일할 때는 휴식을 모르고 열정적으로 하며, 조직에 들어가서는 얼른 지도자의 자리를 차지하려고 한다.

사람과 교제할 때는 능동적이고 적극적인 자세를 취하여, 주변에 친구들이 많고, 친구들이 모이면 자기가 중심이 되어 끌고 다니면서 리더의 역할을 한다. 여러 사람 앞에 나서는 것을 좋아하고 다른 사람들을 조종하려는 욕구가 강해, 무슨 일이든지 남의 입장을 고려하기보다는 자기중심에서 판단하고 결정한다. 선배에게는 깍듯이 예의를 갖춰 대하며 후배들에게는 자기가 선배들에게 하는 것처럼 같은 예로 대우해달라고 요구한다.

이들은 사람과 대화 나누는 것을 좋아하는데, 쓸데없는 잡담보다는 주제와 목적이 있는 대화를 좋아한다. 또한 자기를 지지해주고 따라주는 사람을 좋아하며 자기와 뜻이 맞는 사람, 즉시 협조해주는 사람, 자기를 믿어주는 사람을 좋아한다. 반대로 느리고, 게으르고, 분별력이나 판단력이 없는 사람, 어떤 일에 목적의식이

말이 삶을 바꾼다

없고 관심이 없거나 미적대는 사람 등을 싫어한다.

이들은 목표가 생기면 구성원들을 밀어붙여 적극적으로 목표를 향해 돌진한다. 그리고 강한 카리스마가 있고 존경에 대한 강한 열망이 있다.

이들의 성격이 부정적으로 나타날 때는 오해를 사더라도 무감각해져 무자비한 리더의 모습을 보이기도 한다. 그러면서 남들이 자기를 따르고 이해해주기를 바란다. 이들이 리더십을 발휘할 때 주의할 점은 남의 말에 귀를 기울이고, 상대방에 대한 존경과 배려를 잊지 않는 것이다.

이들의 약점이라고 하면 지나친 승부욕과 다른 사람을 무시하거나 다른 사람 위에 군림하려고 한다. 그래서 남에게 독재적, 독단적이라는 비난을 듣기도 한다. 또한 자기중심적이라 남의 말에 민감하지 못하고, 조급하고, 자기가 아니라면 무슨 일을 남에게 맡기거나 인정하려 들지 않는다. 스트레스를 받은 상황에서는 남을 더욱 조종하려 들고, 더욱 열심히 운동하거나 일하려고 한다. 반대자를 몰아내려고 한다.

2) 보완할 점

이들은 논리적인 것을 좋아하면서도 작은 단위의 세부 사항을 등한시하는 경향이 있다. 따라서 작은 부분에도 신경을 쓰고 관심을 가질 필요가 있다. 그리고 타인의 정서에 민감하지 못하여 배려심이 없다는 평가를 들을 수 있다. 따라서 남의 처지를 생각하고 배려해주는 노력이 필요하다.

또한 다른 사람이 말할 때 자기주장을 내세우거나 강조하기 위해 인내를 가지고 끝까지 경청하지 못하고 중간에 말을 자르는 경우가 많다. 따라서 가급적 다른 사람의 말을 잘 들으려고 노력하고, 만일 참견하려면 상대의 말이 끝난 다음에 하도록 노력해야 한다.

그리고 독단적인 의견이나 주장을 강하게 드러내기 쉬운데, 이보다는 타인의 의견을 존중하고 수용하는 자세가 필요하다. 타인에게 위압감을 주거나 거만하게 보이지 않도록 조심해야 한다. 성급하게 화를 내지 않도록 조심하고, 다른 사람에게 시키는 듯한 인상을 줘서는 안 된다.

자기에게도 단점이 있다는 현실을 인정하고 남을 가볍게 여겨서는 안 된다. 냉담하고 냉소적인 모습을 보이지 않도록 노력해야 한다. 자신감은 좋지만, 너무 거만하게 보이지 않도록 조심하고, 다른 사람에게 결정권을 주거나 권위를 이양하는 것이 좋다. 그리고 모든 사람이 자신처럼 많은 것을 성취하기를 기대하지 않는다는 것도 기억하면 좋다.

3) 좋아하는 말이나 신념

이들이 모토로 삼는 말은 "내 방법, 내 식으로 하자.", "불가능이란 없다. 세상은 넓고 할 일은 많다.", "오늘 걷지 않으면 내일 뛰어야 한다.", "무소의 뿔처럼 혼자서 가라.", "안 되면 되게 하라.", "고

난이여 오라, 내 가슴은 뛴다.", "최고가 되자.", 내가 있어야 세상
이 존재한다.", "천상천하 유아독존.", "성공하는 삶이 아름답다." 같
은 유형의 말들을 좋아한다.

4) 이들과 대화하는 방법

상대의 리더십에 칭찬과 격려를 보낸다. 이들이 말할 때는 말을
끊지 말고, 핵심 내용이 끝나면 말을 한다. 또한 말을 할 때는 잡
다하게 길게 늘여 장황하게 설명하지 말고, 핵심적인 요소들만 간
추려 간단하게 말하고, 논리가 부실하거나 감정적인 언어보다는
확실한 증거와 근거에 바탕을 두어 논리적으로 말하는 것이 좋
다. 이들은 다른 사람 앞에서 말하는 것을 좋아하므로, 말할 수
있는 자리를 깔아주고, 지지하고 격려를 보내주면 좋다.

4. 사교형

1) 행동과 생활 태도

이들은 전형적인 외향형으로, 에너지가 넘치는 사람들이다. 매사에 활동적이고, 말이 많고 빠르다. 사람 만나는 것을 좋아해 지위나 신분에 상관없이 누구와도 잘 어울린다.

주도형은 대화의 중심이 핵심, 요약, 간결함에 있다면 이들의 대화는 가볍지만 내용이 많고 다양하다. 그래서 누구를 만나든지 장소에 상관없이 말을 많이 하게 된다. 때로는 조금 과장해서 말하기도 하고, 감정 표현을 매우 잘한다. 유머가 풍부하고 정서적으로 밝은 태도를 보인다. 그래서 사람들에게 인기가 많은 편이다.

무슨 일에든지 열정적이며, 새로운 환경이나 변화에 잘 적응한다. 몸동작이나 손짓, 발짓의 움직임이 크고 표정이 다양하고 사람들과 스킨십 나누는 것을 좋아한다. 외모, 복장, 말하는 태도에 신경을 쓰며 표현을 적극적으로 하나 체계적, 논리적, 분석적이지 못하다. 특권의식, 공주병, 왕자병 등 남에게 인정받고 싶은 마음이 강하다.

주도형이 사람을 만날 때에는 어떤 목적을 가지고 만나는 데 비해, 이들은 그냥 사람과 만남, 그 자체와 대화 나누는 것을 좋아해 남녀노소를 불문하고 다양한 사람들과 사귄다.

성격이 사교적이다 보니, 여기저기 여러 집단 활동에 잘 참여하고 인간관계에서도 협력을 잘하고 분위기 메이커를 자청한다. 처음 보는 사람이라도 낯설어하지 않고, 먼저 다가가 대화를 나누고, 누구를 만나더라도 잘 사귀는 편이다. 자기 인기 관리에 관심이 많다.

이들은 매사에 주어진 일을 낙천적으로 바라보고 적극성을 나타낸다. 특별히 사람과 사람 관계 속에서 진행되는 일을 매력으로 느낀다. 어떤 조직에 소속될 경우 조직의 분위기를 잘 살려 즐겁게 만들어주고 다른 사람의 기분까지 살려주는 매력적인 면이 있다.

부족한 점은 조직 내에서 꽉 짜인 일이나 습관적으로 반복되는 일을 어려워한다. 이들이 힘들어하는 일은 오랫동안 말을 하지 않고 참는 일, 그리고 정확한 시간과 철저한 계획에 따라 해야 하는 일, 그리고 끝까지 장기간에 걸친 프로젝트를 하는 일 등이다.

2) 보완할 점

이들의 약점은 조직적이지 못하다는 점이다. 세부적인 것을 가볍게 여기고, 꼼꼼하지 못하다. 또한 심각한 일이나 진지한 일을 논의하는 것을 불편하게 여긴다. 순진해서 남의 말을 잘 믿고 잘 속기도 한다. 심각하거나 복잡한 일은 다른 사람들이 대신해주기를 바란다. 이들은 말이 너무 많고, 목소리가 너무 커서 시끄럽다는 말을 듣기 쉽고, 과장이 심해 뻥이 심하다는 말을 들을 수 있다. 따라서 대화할 때 혼자서 너무 많은 말을 하지 말고 다른 사람도 말할 수 있도록 기회를 주는 것이 좋다.

이들은 현실 지향적인 성향이라 미래에 대한 계획과 목표를 세우는 데 약점을 가지고 있다. 따라서 오늘만이 아니라 내일도 생각하고 미래 일을 생각하고 실천하는 노력이 필요하다. 또한 호기심이 많아서 여러 일을 벌여놓기는 하지만 의지력이 약해 끝까지 마무리하지 못하는 경향이 있다. 따라서 사전에 충분한 검토와 계획을 세운 다음 끝까지 실행해나가려고 노력하는 것이 필요하다. 이런 유형의 사람은 주변을 둘러보느라 약속을 잘 지키지 못하기 때문에 기록하는 습관을 가지면 좋다.

3) 좋아하는 말이나 신념

이들의 첫 번째 생각은 인생을 즐겁고 재밌게 사는 것이다. "즐거운 인생", "잘 먹고 잘살자.", "가슴 뛰는 삶을 살자.", "함께 만들어가는 멋진 세상", "현재를 즐기자.", "고민이라면 나중에 하자.", "좋은 것이 좋은 것이다.", "인생은 쇼다.", "내일은 또 내일의 해가 뜬다.", "낙천주의자" 등과 같은 말들을 좋아한다.

4) 이들과 대화하는 방법

이들은 말을 많이 하는 사람들이라 자기 말에 맞장구를 쳐주는 사람을 좋아한다. 따라서 말을 잘 들어주고, 그 말이 잘 이어질 수 있도록 추임새를 넣어주는 것이 좋다. 이들의 이야기를 듣다

말이 삶을 바꾼다

보면 재미있기는 한데 정리가 안 된, 많은 이야기를 나눈 것 같은 데 별 소득이 없는 것 같은 느낌이 들기도 한다. 할 수 있으면 이야기 정리정돈을 잘하고, 대화의 의미나 가치를 찾는 것이 필요하다. 이들이 하는 말에 빨려 들어가면 어느 순간 수긍하고 동조하게 된다.

5. 안정형

1) 행동과 생활 태도

여유롭고 느긋하며 전형적인 내향형이다. 이들은 감성적이고 부드러운 내면을 지녔으며 비교적 조용하고, 겸손하고, 차분하다. 자기주장을 내세우기보다는 상대를 배려하고 공동체에 협조적이다.

무슨 일이든지 권유하지 않으면 자발적으로 나서지 않아 자기 모습이나 특기를 잘 드러내지 않는다. 따라서 대중 앞에 서는 일을 어렵게 여기고, 회피하려고 한다. 자기 소개를 하더라도 미루고 미루다가 할 수 없는 상황이 되면 그제야 한다. 그래서 다른 사람 눈에 얼른 띄지 않는다.

분명한 자기 의사 표현이나 싫은 일이 있어도 싫다는 표현을 잘하지 않는다. 급격한 변화보다는 안정된 환경에서 점진적인 변화를 원한다.

이들은 낯가림이 심해 다른 사람에게 다가가는 것을 어렵게 여겨 사람들과 친해지기까지는 상당한 시간이 걸린다. 하지만 한번 친해지면 친한 사람들과는 잘 어울리고 적극적으로 자기 역할을 한다. 이들은 스스로 자기는 사람을 좋아하고 잘 어울린다고 생각하나 객관적으로 보면 다른 유형에 비해 그렇지 않고, 친하지 않거나 낯선 사람과는 거리를 둔다. 남의 처지를 생각하는 경향이 있어 의견 충돌이 생기더라도 자기 생각을 접고 조화를 이루는 협조적인 사람들이다. 그래서 남에게 친절하고 협조적이며, 남의 이야기를 잘 들어주고, 상대의 심정을 헤아리는 공감 능력도 지녔다.

이들은 여러 사람과 함께 어울려 일하는 것보다는 소수 몇 사람과 혹은 혼자 하는 것을 좋아한다. 공동체에서는 자기주장을 내세우기보다는 자기를 낮춰 공동체의 조화와 이익을 추구한다. 다

말이 삶을 바꾼다

툼을 피하고 평화롭게 사는 것을 선호해서 불화하는 사람들을 중재하거나 그런 환경에서 벗어나려고 한다.

이들은 결정하는 데 어려움을 겪어 대신 결정을 내려주는 사람, 그들의 장점을 인정해주는 사람, 그들을 무시하지 않는 사람, 그들을 존중해주는 사람을 좋아한다.

이들은 시간이 나면 평안과 안식, 휴식을 취하는 것으로 에너지를 얻는다. 이 때문에 이들은 아무 일이 없는 상태, 신경을 써야 할 일이 없는 상태, TV를 보거나 음악을 듣거나 먹는 등 편안한 쉼을 선호한다. 다른 사람으로부터 잘한다는 칭찬을 듣거나 호의를 받을 때 에너지를 얻는다.

2) 좋아하는 말이나 신념

이들에게는 특별한 모토가 없는 것이 특징이다. 무엇을 모토로 삼느냐고 물어보면 망설이거나 얼른 대답하지 못한다. 그래도 애써 찾으라고 하면, "무슨 일이든지 쉽고 편한 방식으로 하자.", "안전하게 유유자적하면서 안빈낙도의 삶을 살자.", "친한 사람들과 더불어 살자.", "사랑하며 살자.", "흐르는 강물처럼 흘러가는 대로", "가화만사성", "베풀며 여유롭게", "배려하며 살자." 등과 같은 말들을 선호한다.

3) 보완할 점

이들은 어느 기질보다 느리고 만사태평한 사람들이라 게으른 것이 단점이다. 일에 대한 열정과 결단력이 부족하여 일을 미루고 미뤄뒀다가 어쩔 수 없는 상황이 되면 처리한다. 따라서 변화에 빠르게 대응하고 수용하도록 노력해야 한다.

이들이 게으른 모습을 보이는 것은 근본적으로 의욕이 부족한 면도 있지만 체력이 약해 에너지가 부족한 것이 원인인 경우가 많다. 때로는 매우 무기력한 모습을 보이기도 하는데 역시 에너지가 부족한 것이 원인이다. 또한 자기 생각에 대한 이론적 기반을 마련하지 못해 결정 속도가 느리고 과감성이 떨어진다. 따라서 가급적 결정을 빠르고 과감하게 하고, 적극적인 면을 기를 필요가 있다. 이들의 또 다른 약점이라고 하면 특별한 이유 없이 옹고집을 부리기도 한다는 점이다.

무슨 일이든지 그 일에 맞는 동기를 부여하여 열정을 갖고 임하는 것이 좋다. 처음 시작하는 일에 추진 능력을 키우고, 기대보다 더 많은 일을 하고, 더 빨리 움직여, 목표에 이르도록 노력하는 것이 좋다. 다른 사람의 문제뿐만 아니라 자신의 문제도 해결하도록 적극 노력하는 것이 좋다.

매 순간 망설이는 경향이 있으므로 결정하는 능력을 키우고, 새로운 변화에 도전하고 수용하려고 노력하는 것이 좋다. 유머 감각을 키우고 수용하는 법도 배우는 것이 좋다. 그리고 다른 사람의 부탁을 거절하지 못하는 성격이라 남의 부탁을 정중하게 거절하

말이 삶을 바꾼다

는 법도 배우는 것이 좋다.

4) 이들과 대화하는 방법

이들은 오래 집중하거나 참지 못하는 성격이므로 가급적 짧고 간단하게 대화하는 것이 좋다. 강하고 세게 밀어붙이는 것을 좋아하지 않으므로 강요하는 말이나 강한 말에는 거부감을 나타낸다. 따라서 부드럽게 협조를 구하는 형태의 말이 좋다. 이들은 상대의 감정에 민감한 사람들로, 감정을 지나치게 드러내거나 차가운 감정은 싫어한다. 따뜻한 말이 이들에게는 힘을 주는 말이 된다. 따라서 가벼운 칭찬이나 인정이 이들에게는 도움이 되는 말이다. 그리고 말하는 것을 좋아하면서도 너무 많은 것은 싫어한다. 따라서 적당하게 말하는 것이 좋다.

6. 신중형

1) 행동과 생활 태도

이들은 말이 느리고 소리가 작으나 치밀하고, 꼼꼼하고, 차분하다. 자기의 내적 기준이나 원칙이 서 있어서 자기주장이 강하다. 무슨 일이든 자기를 중심으로 생각하고 자기 속마음 털어놓는 것을 어려워한다. 이들은 사교적인 농담이나 잡담 등을 좋아하지 않는다. 사람과 부대끼며 정(情)을 나누는 것이나 스킨십하는 것을 매우 싫어해 사람이 가까이 다가오는 것을 상당히 불편하게 여긴다.

집중력이 좋고 인내심이 강해 한번 시작한 일은 끝까지 포기하지 않고 마무리하려고 한다. 무슨 일이든지 진지하게 생각하고 민감하게 받아들인다. 예의가 바르고 옷을 단정하게 차려입는다. 이들이 싫어하는 것은 실수하거나, 정해진 규칙이나 표준을 무너뜨리는 일이다. 자기가 하는 일에 아무도 동감해주지 않는 것을 불편하게 여긴다.

사교적인 말이나 활동을 좋아하지 않아 교제 범위가 넓지 않다. 사람과 대화하기는 하지만 말하기보다는 남의 말을 잘 들어주는 편이다. 스스로 나서서 대표나 무리의 리더가 되거나 편을 짓는 것을 좋아하지 않는다. 다른 사람과 충돌하는 것을 좋아하지 않으며 자기감정 통제와 자기 절제가 강하여 자신과의 싸움에서 강하다.

농담이나 어설픈 논리의 말을 수용하기 어려워한다. 남의 말에 함부로 동조하거나 웬만한 일이라면 칭찬하지 않아 다른 사람으로부터 따뜻하다는 소리를 듣지 못한다. 하지만 한번 마음을 나누는 사이가 되면 끝까지 믿고 오랫동안 관계를 유지한다. 이들이 좋아하는 사람은 진지한 사람, 지적인 사람, 사려 깊은 사람, 의미 있는 대화를 나눌 수 있는 사람이다. 대화할 때 시선 맞추는 것을

말이 삶을 바꾼다

어려워하고, 싫어하는 사람으로는 무게가 없는 사람, 잘 잊어버리는 사람, 시간에 늦는 사람, 조직적이지 못한 사람, 피상적인 사람, 속이는 사람, 예측할 수 없는 사람 등이다.

신중하고 논리적이고 완벽을 추구하는 경향이 있어서 자기나 다른 사람의 실수를 용납하지 않는다. 일을 하면 철저히 분석하여 세세한 부분까지 잘 챙기고, 끝까지 잘 수행한다. 논리적이고 치밀한 성격이라 규칙을 잘 준수하고, 자기에게 주어진 일을 빈틈없이 잘 수행해낸다. 단순하고 반복적인 일에 강점을 보이지만 즉흥적으로 주어진 일이나 창의적인 일에는 어려움을 느낀다. 차분하게 생각할 수 있는 여유가 주어지거나, 자기만의 독립된 공간에서는 자기 능력을 잘 발휘한다. 높은 수준의 이상을 가지고 깊이 분석하는 능력이 뛰어나 어떤 일을 조직하고 장기적인 목표를 세우는 데 탁월한 능력을 보인다. 이들이 낙담할 때는 생활에 질서가 무너졌을 때, 혹은 표준을 달성하지 못할 때, 아무도 상관하지 않는 것처럼 보일 때 등이다.

이들은 차분하고 안정되고 조용한 분위기, 그리고 자신만의 공간에서 혼자 지낼 때 에너지를 얻는다. 타인의 간섭이나 규제에서 벗어나 혼자 집중할 수 있을 때 능력을 잘 발휘한다. 행동하기보다는 차분히 생각하고 집중하는 데서 힘을 얻는다. 곁에서 가만히 지켜보고, 지지해주고 붙들어주는 데서 에너지를 얻는다.

2) 좋아하는 말이나 신념

"무엇이든지 옳은 방식으로 하자.", "돌다리도 두들겨 보고 건너자.", "진정한 노력은 배신하지 않는다.", "사필귀정", "유비무환", "일체유심조(모든 것은 마음에서 정해진다)", "이것 또한 지나가리라.", "우보천리(牛步千里: 천천히 느리게 걷는 소가 천리를 간다)", "실수란 없다.", "삶이 그대를 속일지라도 노여워하지 말라.", "고통 없이 얻어지는 것은 없다."

3) 보완할 점

이들은 치밀한 성격을 지녀 어떤 일을 준비하는 데 너무 많은 시간을 보낸다. 그리고 대수롭지 않은 일에 너무 세세하게 신경을 많이 쓴다. 부정적인 일을 잘 기억하고 다른 사람들을 의심하기도 한다. 자기중심적 사고가 강하여 이기적인 사람으로 보일 수 있다. 주변에 친구들이 소곤대는 모습을 보면 자기 흉을 보고 있을 거라고 상상하여 부정적인 감정을 가지기도 한다. 자기 불신이 강하며 비판적이고 부정적인 성향을 보인다. 또한 타인의 성장을 부러워하며 심한 질투심을 느끼기도 한다. 자기에게 잘못을 저지른 타인에 대한 복수심을 가슴에 품기도 한다. 마음속에 숨겨둔 채 증오심과 정의를 키우기도 하고, 완벽주의 성향이 강하여 완벽에 도달하지 못했을 때는 비관적인 생각을 하기도 한다.

어려운 문제에 직면하면 극복하기보다는 실패에 대한 두려움 때문에 쉽게 포기하는 경향을 보인다. 예민한 성격으로 인해 쉽게 우울감에 빠져들기도 한다. 이러한 점을 알고 자기를 철저히 관리하는 노력이 필요하다.

이들은 매우 조직적인 리더십을 선호한다. 높은 수준의 일을 요구하는 사람들로, 모든 것을 미리 알고 대처한다. 어떤 나쁜 일이 일어날지 잠재적 위협의 가능성을 발견해서 완벽하게 대처한다. 충분한 실력과 자원을 준비해두어야 하고, 모든 것이 잘 사용할 수 있도록 준비되어 있어야 한다. 따라서 자료 정리, 매뉴얼 정리, 성실한 태도 및 자세, 정확한 업무 처리, 위기관리를 강조한다. 절차를 중시하고 예의 바르며, 세부적인 사항에 대한 정확한 지식 및 준비를 요구하며 실수에 대한 준비를 항상 한다. 너무 세밀하고 예민하며 걱정이 많은 리더로 보일 수 있다.

유의할 점은 지나치게 완벽해야 한다는 생각을 줄이고, 다른 사람들에게 또한 완벽을 요구하지 않고, 실수에 대해 관대한 마음 씀씀이를 가져야 한다. 후배에 대한 신뢰나 권한 위임, 동기 유발, 칭찬을 해주는 일이다.

4) 이들과 대화하는 방법

이들은 차분하고 안정적이고 논리적이어서, 말이 많고 산만한 대화를 선호하지 않는다. 따라서 조용조용하고 차분하고 안정적인 대화를 하는 것이 좋다. 대화의 내용은 논리적이고 합리적인 것을 좋아하는 까닭에, 어떤 내용을 설명할 때도 논리적인 근거를 들어 설명하는 것이 좋다. 이들은 허황된 이론이나, 낭만적이고 환상적인 이야기는 좋아하지 않는다. 그리고 스킨십을 좋아하지 않아 대화할 때 가까이 다가가 말하는 것을 불쾌하게 여긴다. 따라서 특별히 대화 상대가 이성(異性)이면 근접 대화는 삼가는 것이 좋다.

성격 5 요인과 말

성격 5 요인 이론은 1949년 Fiske가 제시한 모델이다. 1960년대 초반까지만 해도 학자들에게 잘 알려지지 않았다가 1960년대에 Tupe와 Christal, Norman, Borgatta, Smith, Lewis Goldberg 등 많은 학자가 연구에 참여하면서 관심을 끌게 되었다.

Paul Costa와 Robert McCrae는 이 이론에 가장 많이 이바지한 인물이다. 따라서 여기에서는 이들이 제시한 성격 이론을 중심으로 사람의 성격을 이해하고 언어 구사하는 데 도움받고자 한다.

이들은 사람의 성격 척도를 신경 과민성, 외향성, 경험 개방성, 우호성, 성실성 등 5 요인으로 정리했다. 이 요인들은 모두 유전된 것으로, 태어날 때부터 가지고 있는 개인 성격을 구성하는 기본, 즉 뼈대를 이루는 요인들이라 하겠다. 그래서 이 요인들은 사람 성인기에 상당히 안정적으로 관여하고 유지되는 것을 볼 수 있다.

사람의 성격은 이 5 요인을 바탕으로 사람이 성장하면서 경험하게 되는 각종 환경과 문화적인 여건의 영향을 받으면서 형성된다. 따라서 한 개인의 성격은 생물학적으로 같은 요인을 타고났다고 하더라도 밖으로 보이는 성격은 매우 다양한 모습으로 나타난다.

사람 성격의 근간이 되는 이 5 요인을 통해 성격을 이해하고 언어 사용에 도움을 얻고자 한다. 이를 바탕으로 대화를 나누면 상당한 도움을 얻을 수 있다. 이제 그 이야기를 시작해보자.

1. 신경 과민성

1) 일반적 특성

이를 정서적 불안정성이라고도 하는데, 불안, 우울, 분노 같은 부정 정서를 잘 느끼는 성격이다. 이들은 정서적으로 불안정하고, 예민해 작은 일에도 민감하고, 불편을 느끼고, 상처를 잘 입는다.

말이 삶을 바꾼다

이들은 보통 사람들보다 괴로움이나 불행하다는 감정을 더 잘, 많이 느낀다. 일상적으로 넘어갈 수 있는 가벼운 일일지라도 부정적 정서를 느끼고 이를 조절하는 데 어려움을 겪는다. 그러다 보니, 다른 사람들보다 불안장애나 우울장애를 비롯한 신경증적인 증상을 더 잘 경험한다. 그리고 이들은 보통 사람들이 보지 못하는 불안을 만드는 요인과 어두운 면을 잘 보기도 한다.

이들이 생각한 불행과 고통은 개인적으로는 불편한 일이지만 이를 개선해내려는 의지를 갖고 긍정적인 에너지원으로 사용하면 보통 사람들이 이뤄내지 못한 인격적 성숙과 커다란 성취를 이뤄낼 수 있다. 이들을 파악할 수 있는 단서로는 불안과 적대감, 우울, 자의식, 충동성, 스트레스 취약성 등을 들 수 있다.

2) 인간관계

이들은 성격이 예민한 관계로 사람들과 사귈 때도 예민함을 잘 드러낸다. 그래서 사람을 함부로 사귀지 못하고, 자기 특성에 어울리거나 자기를 잘 이해해주는 사람과 제한적으로 교제한다. 타인의 사소한 잘못을 잘 발견하고 잘 지적하며, 자기가 느끼는 불편들이 바로잡히지 않으면 쉽게 불안을 느끼고 어려워한다.

보통 때에도 무엇엔가 쫓기는 듯한 불안한 감정을 잘 느껴 사소한 일에서 감정적인 반응을 잘 드러낸다. 그 때문에 사소한 일이 말다툼으로 이어질 수 있어, 사람과 관계를 이어갈 때도 갈등과 불화를 자주 겪을 수 있다. 따라서 자기 성격적 특성을 잘 알고 상황에 따라 적절히 조절하거나 관리하는 노력이 필요하다.

3) 대화 방법

이들과 대화할 때는 부정적이고 우울한 이야기보다는 적극적이고 활달하고 밝은 이야기가 좋다. 하지만 말을 너무 많이 하거나, 강하고 크게 하는 것은 도움이 되지 않는다. 차분하고 안정적이며 사소한 일에 관심을 두고, 상대 감정을 파악하고 점검하면서 말하는 것이 좋다. 이들의 감정을 이해해주고, 신경질적인 반응을 보이더라도 수용하고, 동의하고, 인정하면서 대화하는 것이 좋다.

2. 외향성

1) 일반적 특성

이들은 자신의 심리적 에너지를 나 아닌 타자와의 관계 속에서 사용하는, 전형적인 외향형 사람이다. 활동적인 사람이라 언제 어디서나 누구든지 만나서 대화하는 것을 좋아하고, 활발하게 교제하는 사람이라 눈에 쉽게 잘 띈다. 자기주장을 잘 드러내며, 에너지를 밝고 긍정적인 데 사용한다.

사람들과 어울려 노는 것을 쾌락으로 알고 이런 활동을 통해 더 큰 즐거움과 에너지를 얻는다. 다양하고 특별한 체험을 찾아다니고, 이런 체험을 통해 위험마저 감수하면서 쾌락을 즐기기도 한다. 그리고 보통 사람들보다 긍정적인 정서를 더 잘 활용하고 변화가 없는 일상생활을 지루하게 느낀다.

이들의 관심 분야로는 정치, 영업, 판매, 인사관리 등이다. 따라서 이들은 이런 분야에서 성공할 가능성이 높다. 이들을 파악할 수 있는 단서로는 군집성, 주장성, 활동성, 흥분 추구, 긍정 정서, 따뜻함 등이다.

2) 인간관계

이들은 주변에 사람 많은 것을 좋아한다. 사람들을 모아 끌고 다니며, 좋은 분위기를 만들어 즐긴다. 새로운 사람을 만나면 언제나 기대감을 갖고 다음에 또 만남을 기대한다. 그래서 나이에 상관없이 자기 위아래로 다양한 교제를 나눈다. 이러한 교제와 만남을 자기 재산으로 삼아 일하면 이루는 능력을 지녔다. 하지만 때로는 너무 무모하게 접근하기도 하여 얻은 것을 잃거나 이룬 성공을 말아먹기도 한다. 무엇보다 이들의 무기는 인적 네트워크와 인적자원이라 하겠다.

3) 대화 방법

이들과 대화할 때는 말을 많이 하도록 자리를 깔아주는 것이 좋다. 이들이 말하면 곁에서 추임새를 넣어서 받아주고, 긍정하고, 인정해주는 것이 좋다. 그러면 만남 자리가 즐겁고 유쾌하다. 이들은 사람을 만나면 언제나 대화를 주도하는 사람들이라 곁에서 듣고만 있어도 분위기가 살아나니, 굳이 억지로 끼어들어 방해하거나 내 생각을 늘어놓을 필요는 없다. 무슨 일이든지 새로운 것이나 관심 끌 만한 정보를 소개해주고, 그런 일이나 활동에 참여하도록 권하고 독려하는 것도 좋다.

3. 개방성

1) 일반적 특성

이들은 우선 호기심이 많아 새로운 경험과 다양한 체험을 좋아한다. 그리고 이런 경험과 체험의 가치에 대해 열린 자세를 갖고 있어 사고가 폭넓고 개방적이다. 이들은 상상력이 풍부하고, 모험적이고, 미적 감수성이 뛰어나다. 또한 지적 탐구심도 강하고, 독립적이며 예술적이다. 그래서 일부 학자들은 이 성격적 특성을 말할 때 지성, 교양이라는 요소를 포함해 다루곤 한다.

이들은 기존의 관습적, 사회적, 종교적 가치에 도전하고, 변화와

말이 삶을 바꾼다

개혁을 시도하려고 한다. 따라서 타인과 생각의 차이를 보이는 경우가 많아 주변 사람들과 갈등을 겪을 수 있다. 이들을 파악할 수 있는 단서로는 상상력, 심미안, 감정 자각, 다양한 행위, 지적 호기심, 가치 개방성 등이다.

2) 인간관계

이들은 개방적인 성격을 지녀서 다양한 사람들과 어울리는 것을 좋아한다. 하지만 관습적이고 보수적인 사람들과는 어울리지 못해 의견 충돌을 빚을 수 있다. 좋게 말하면 시대를 앞서가는 사람들이라 할 수 있다. 그래서 현재 처지에서 보면 다소 불안정한 삶을 살기도 한다.

3) 대화 방법

이들은 사람과 어울리는 방법을 알고 있어서 말을 잘하는 편이다. 따라서 말을 많이 할 수 있도록 돕고, 들어주는 것이 필요하다. 이들은 호기심이 많아 이런저런 다양한 분야에 관심이 많고 이야기하는 것을 좋아한다. 따라서 의견을 존중해주고 다소 허황된 이야기라도 잘 들어주는 것이 좋다. 또한 이들은 다양한 생각이나 화제를 끌어오는 것을 좋아한다. 따라서 이들의 진취적인 생각이나 삶, 태도에서 본받을 점이 많다. 이런 점들을 부추기면서 대화하면 즐겁고 유익한 대화를 할 수 있다.

4. 우호성

1) 일반적 특성

이들은 타자에게 비교적 우호적이고, 협조적이다. 친화성이 높은 사람들이라 누구와도 화목하게 지내려고 한다. 사람과 만나면 부드러움과 따뜻함을 느끼는 것을 좋아하고, 타인의 감정에 공감도 잘한다. 일반적으로 사람들과 화합하고, 배려하면서 이타적인 행동을 한다. 이들의 삶은 사람들에게 친절하고 호의적이고, 긍정적인 사고를 지녔다. 그래서 타인이 봤을 때는 착하고 선하게 보여 법 없어도 잘 살 수 있는 선한 사람들이다. 또 어떤 환경에서도 잘 적응하는 수용적인 능력을 지녔다. 이들을 파악할 수 있는 단서로는 신뢰성, 솔직성, 이타성, 순응성, 겸손함, 온유 등이다.

2) 인간관계

이들은 비교적 착한 사람들로, 인간관계를 원만하고 긍정적으로 형성한다. 겸손하여 자기를 잘 드러내지 않고 조직에 헌신적이고 자기 능력을 모두 함께 공유하려고 한다. 그래서 비교적 인간관계가 좋고, 화합하는 성격이다. 여러 유형의 사람들과 교제하지 않지만 자기를 편안하게 대해주는 사람들과는 잘 어울리고, 활발하고 적극성을 띤다. 자기가 직접 나서 무리를 만들거나, 무리를 이끌려고 하지 않는다.

3) 대화 방법

이들은 친밀함을 느낀 사람들 사이에서는 활발한 움직임을 보인다. 따라서 분위기가 편안하고 안정적인 상태에서는 대화를 잘한다. 자기 장점을 잘 드러내지 않지만, 작은 행동, 언어, 태도 등을 들어 칭찬해주면 매우 적극성을 발휘한다.

남의 이야기를 잘 들어주며, 공감 능력도 뛰어나다. 따라서 이들과 대화하면 편안함을 느낄 수 있고 오래 대화할 수 있다. 이들은 억압하거나 강권하거나 권위를 부리는 사람을 싫어한다. 따라서 이런 생각을 버리고 편하게 대화하면 쉽게 접근하고 좋은 대화를 할 수 있다.

5. 성실성

1) 일반적 특성

이들은 목표를 향한 강한 성취욕구를 지녔다. 목표가 있으면 책임감을 느끼고 자기 생활을 미루기도 한다. 자기에게 주어진 일을 계획적으로 아주 유능하게 잘 처리하고 그것도 신중하고 질서 정연하게 진행해나간다. 자기 관리와 조절을 통해 계획적이고 규칙적으로 생활한다. 무슨 일이든지 열심히 하고, 효율적으로 한다. 그래서 이들은 자기가 하는 일에서 성공할 확률이 높다.

이 성격적 특성이 지나치게 나타나면 일과 그 효율에만 집착하는 경향이 있어 자기 개인적인 생활이 소홀해질 수 있다. 이들을 파악할 수 있는 단서로는 유능성, 질서 정연, 책임 의식, 성취욕구, 자기 절제, 신중성 등이다.

2) 인간관계

이들은 인간관계를 자기 일이나 업적, 목표를 이루기 위한 어떤 조건이나 수단으로 여긴다. 자기 일 진행에 방해되거나 의미가 없으면 관계를 소원하게 하거나 끊기도 한다. 자기와 비슷한 성격을 가졌거나 자기 일에 협조적인 사람에게는 적극적으로 관계를 유지해나가지만 목표 실현에 도움 되지 않으면 소원해지는 경향을 보이기도 한다.

3) 대화 방법

이들은 책임감이 강하기 때문에 일과 관련된 대화에 관심을 보인다. 일의 진행과 절차, 결과 등에 관한 이야기에 흥미를 보인다. 그리고 이와 관련된 정보나 성취 방법 등에 관한 이야기들을 선호한다. 따라서 의미 없는 이야기나 잡담, 흥미 위주의 이야기는 싫어한다.

이들과 이야기할 때는 이들이 보이는 성실성에 관심을 보이고, 그 일에 격려와 칭찬을 곁들이는 것이 좋다. 그들이 진행한 프로젝트나 일에 관한 이야기를 청해 듣거나 조언하면 좋은 대화를 엮어나갈 수 있다.

제3장

대화의 조건

01

대화의 조건 '존중하기'

　세상에는 여러 유형의 교육시설들이 많다. 수영이나 탁구, 골프 등 스포츠를 가르쳐주는 곳도 있고, 민화, 한국화, 사군자, 유화 등 미술을 가르쳐주는 곳, 또 각종 악기나 노래를 가르쳐주는 음악학원도 많다. 하지만 아쉽게도 사람이 살아가는 데 필수적인 '말하는 방법'을 가르치는 곳은 거의 없는 실정이다.

　앞에서도 언급했던 것처럼 우리 삶은 말로 이루어졌다고 해도 과언이 아니다. 그래서 우리 생활에서 주어지는 어떤 일의 시작과 끝은 모두 말이 주도한다고 해도 틀린 말이 아니다. 문제가 일어나는 것도 말에 있고, 그것을 정리하고 마무리하는 것도 말로 한다. 사회나 가정생활에서 일어나는 성공이나 문제 역시 말에서 기인한 경우가 많다. 그런데도 세상에는 '말하는 방법'을 가르쳐주거나 공부시켜주는 곳은 거의 없다. 그리고 사람들 역시 이 중요한 '말하는 방법'에 관심이 별로 없는 편이다. 그래서 오늘날 우리들의 불행이 늘어나고 있는지도 모르겠다.

　부부 문제를 주로 연구하는 가트맨 박사는 부부생활을 위태롭게 만드는 요인은 말에 있다고 했다. 그가 문제로 여기고 있는 말은 대체로 네 가지인데, 비난, 모욕, 자기변호, 도피 등이다. 문제가 되는 부부는 부부 사이에 의견 불일치, 혹은 의견 충돌이 일어나면 한편에서 이 네 가지 위험 요인을 잘 끌어 온다는 것이다. 그는 부부 사이에 이런 대화가 많으면 많을수록 이혼으로 귀결될 가능성이 높아진다고 했다.

그러니, 부부 사이의 행복과 불행의 갈림도 말에 있다고 해도 과언이 아니다. 부부만이 그런 것이 아니다. 우리가 살아가는 동안 문제가 되는 경우에도 말의 잘못에서 일어난 경우가 많다. 심지어 말 한마디에 사람이 살기도 하고, 죽기도 한다.

말은 이렇게 우리에게 희망과 용기, 혹은 좌절과 포기를 가져다 주기도 한다. 따라서 사람들이 지식을 얻기 위해 기울인 노력만큼이나, 말하는 훈련 역시 꼭 필요하다고 생각한다. 하지만 우리는 말하는 방법을 배우거나 훈련받지 못했을 뿐만 아니라 가르쳐주는 곳도 없다. 그래서 말을 잘하고 싶어도 마음만 그럴 뿐 실천하지 못하고 전전긍긍하는 경우가 많다. 이 책에서는 그런 어려움을 덜어드리고 도움을 주고자 한다. 그러기에 앞서 먼저 여기에서는 좋은 대화를 위한 전제 조건들을 다루려고 한다.

　말 잘하는 방법을 배워서 활용하려면 여느 운동이나 예술, 그리고 공부처럼 노력과 시간이 필요하다. 게다가 사람은 저마다 고유한 성격적 특성을 가지고 있을 뿐만 아니라, 또한 남성과 여성이라는 성별의 차이까지 있어서 말 잘하는 방법을 배우고 익히는 일은 그리 단순하지 않다. 하지만 성격이 어떻든 간에 우리 삶의 행복과 원만한 인간관계를 위해서 다소 노력이 필요하다는 사실을 알고, 또한 거기에 관한 노력을 기울이면 누구나 말을 잘할 수 있다는 사실을 알면 좋겠다.

말이 삶을 바꾼다

대화를 잘하기 위해서는 우선 전제 조건이 있다. 그것은 대화 상대를 '존중'하는 것이다. 사람이 자주 만나거나 가까워지면 '존중'하는 마음이 사라지기 쉽다. 그래서 함부로 업신여기고, 막 대하는 경우가 있다. 처음에는 좋은 의도로 "말을 놓고 편하게 하자." 해놓고, 조금 지나면 무시하는 듯 "그걸 말이라고 하니?", "그러니 다른 사람들이 당신을 무시하잖아!", "저러니 학교 때 어땠는지 알 수 있겠다니까.", "친구들이 너를 왜 그렇게 대하는지 알겠어." 등과 같이 아주 깔보고 무시하는, 짐승에게도 함부로 하지 않는 말을 하기도 한다. 하지만 상대를 '존중'하는 마음이 있으면 친한 사이라 할지라도 이런 말을 함부로 할 수 없게 된다. 그래서 불편한 말들을 상당히 제어할 수 있다.

따라서 대화할 때는 상대가 누구든지 상관없이 반드시 '존중'하는 마음을 가지는 것이 좋다. 설령 관계가 편하더라도 이 마음을 놓쳐서는 안 된다. 좋은 인간관계를 유지하려면 작은 일들로부터 큰일에 이르기까지 존중할 수 있는 요인들을 찾아서 마음에 간직하는 것이 좋다. 그러면 오랫동안 좋은 대화, 좋은 관계를 유지할 수 있다. 더 나아가 사소한 일을 들어 칭찬과 감사를 표현할 수 있다. 그러면 그것 자체만으로도 좋은 관계, 좋은 대화를 할 수 있다.

언제, 어디서, 누구를 만나든지 상대를 '존중'하고, 위한다는 생각은 좋은 대화의 시작이라 하겠다.

02

대화의 조건 '인정하기'

앞에서 대화를 잘하기 위한 전제 조건으로 '존중'을 들었다. 이어서 대화를 잘하기 위해서는 상대의 상황이나 입장을 있는 그대로 '인정'해주는 것이 필요하다. 여기에서 말하는 '인정'은 행동뿐만 아니라 마음 상태까지 있는 그대로 인정해주는 것을 말한다. 단순하고 간단하게 보이지만 실천하기는 쉽지 않은 조건이다.

사람은 부지불식간에 상대를 나보다 더 못한, 열등한 존재로 여기고 싶은 마음이 있다. 남들보다 내가 더 우등한 존재가 되어 조종하고 관리하고 싶어 한다는 말이다. 따라서 상대가 나보다 조금 못한 모습을 보이면 당장 한 건 잡았다는 심정으로 '옳거니' 하고 그것을 가지고 비난하거나 흠으로 여긴다. 그러면서 내가 위에 서려 하고, 슬그머니 상대를 무시하려 든다.

더구나 상대가 상당한 약점을 가지고 있으면, 예를 들어 약속 시간을 자주 어긴다든지, 과제 수행을 나보다 못한다든지, 공부를 나보다 못한다든지, 옷차림이나 생김새가 나보다 못하다고 생각하거나 경제적으로 나보다 어렵게 생활하면 은근히 상대 말이나 행동을 인정하려 들지 않는다.

필자가 책을 출간한 후 있었던 부끄러운 이야기다. 책을 발간하고, 편하게 생각하는 선배에게 책이 나왔다며 보내드렸다. 얼마 후에 전화하면서 책을 받았느냐고 물었더니, "응, 받았어." 했다. 그래서 "내용은 좀 어땠어요?" 물었더니, 태연하게 "응, 그냥 됐어. 뭐 별거 있겠어? 뻔하지."라고 했다. 좋은 글이 아니라 자랑할 것은 못 되지만 그래도 선배를 생각하고 예우해서 보내드렸는데 선배는 그렇게 말했다. 선배가 그런 말을 하는 사람이라는 것을 보고 적잖게 놀랐다. 무시한다는 생각에 마음이 좋지 않았다. 이후 그 선배에게 문안드릴 용기가 나지 않았다.

사람은 대부분 이렇게 남을 무시하는 것으로 내가 남보다 더 낫다는 것을 드러내고 싶어 한다. 마음에 상대를 존중하거나 인정하는 마음이 없어서 그런다. 설령 보잘것없는 책이라도 존중하는 마음이 있었더라면 그러지 않았을 것이다.

좋은 관계를 유지하고, 대화를 잘하려면 상대 행동을 '인정'하는 것이 좋다. '인정한다'라는 말은 상대 마음을 불편하게 만들어서는 안 된다는 말이다. 좋은 관계를 유지하는 사람들을 보면 상대가 나를 불편하게 만들 때도 무시하거나 비난, 야단하는 것 대신 상대를 인정해주는 말을 구사한다.

예를 들어서 친구가 약속 시간을 30분이나 어겼다. 그러면 "어쩌면 그럴 수 있어?"라고 따질 수도 있다. 하지만 그것보다는 '무슨 일이 있었나 보다.', '그럴 만한 사정이 있었나 보구나.'라고 인정하는 말을 하는 것이다.

또 룸메이트를 기다리고 있었는데, 다른 말도 없이 늦은 시간에 들어왔다. 당장 불편을 가질 수 있는 상황이지만 그래도 "연락할 수 없을 만큼 바빴구나."라고 인정하는 것이 좋다. 그래야 다음에 불편한 말이 나오지 않게 된다. 그렇지 않고 당장 비난하면 감정만 상하게 되고, 관계도 삐걱대게 된다. 또 친구가 원치 않은 일에 연루되어 어려움을 겪었다고 생각해보자. 그러면 '그런 일에 참여할 수밖에 없었나 보다.'처럼 일단 '인정'하고 말하는 것이 좋다.

한 걸음 더 나아가 할 수만 있다면 상대 행동만 인정하는 것이 아니라 상대 마음 상태까지 인정해주면 좋다. 친구가 시험을 망쳐서 기분이 나빴다고 한다. 그러면 "속이 많이 상하겠다."처럼 마음 상태까지 인정해주는 것이다. 컴퓨터 게임을 즐겨 하는 친구에게 "그렇게 게임이 즐거운 모양이구나."라고 마음 상태까지 인정해주는 것이 좋다는 말이다.

말이 삶을 바꾼다

이렇게 말하면 "어떻게 그렇게 천사가 될 수 있느냐?"라고 반문할는지 모르겠다. "상대 행동을 도저히 인정할 수 없는 경우, 어떻게 인정하라는 말인가요?"라고 반문할는지 모르겠다. 이런 상황에서 대처하는 방법은 앞으로 다루기로 한다. 다만 여기에서는 좋은 대화와 관계를 위해서는 상대 행동이나 마음을 있는 그대로 '인정'하는 것이 필요하다는 점만 말해둔다. 상대의 불편한 행동을 보면 내 기분이 틀어지고 나빠지더라도 좋은 관계를 위해서 우선 그런 상대 행동과 마음을 그대로 '인정'하는 것이 필요하다는 점이다.

03

대화의 조건 '빈도 부사 제한'

좋은 대화의 조건으로 '존중'과 '인정'에 이어서 여기에서는 '빈도 부사 제한'을 이야기하려고 한다. 빈도 부사는 '언제나', '늘', '항상', '맨날' 등과 같은 말들로 우리가 습관적으로 잘 사용하는 말들이다. 하지만 좋은 대화를 위해서는 이런 말 사용을 제한할 것을 권하고 싶다.

이런 말들이 '늘 사랑스럽다.', '언제나 행복하다.', '항상 보람되다.' 등과 같이 긍정적인 의미로 사용되면 좋은 어법이라 할 수 있다. 하지만 부정적인 말과 결합하면 상당한 불쾌감을 준다. 그래서 제한하자는 말이다. 그런 느낌을 알아보기 위해 아래 말들을 보면서 생각해보자.

"너는 **언제나** 그러더라."
"당신은 **항상** 그렇게 다그치는 사람이에요."
"아빠는 **늘** 그러세요."
"선생님은 **늘** 그런 말씀을 하시더라고요."

말이 삶을 바꾼다

어떤 느낌이 드는가? 이런 말들은 듣는 사람의 기분을 나쁘게, 혹은 불편하게 만든다. 이 말에 느낌이 없으면, 내가 이런 말을 직접 들었다고 가정해보면 쉽게 느낄 수 있다.

우리 언어 습관을 보면 이런 부작용이 있는 말을 전혀 생각지 않고 "너는 항상 그러더라.", "너는 맨날 약속을 어기더라.", "너는 맨날 컴퓨터만 하더라."라는 형태의 말을 잘 사용한다. 우선 이런 말들은 지적하는 말이라 누구나 들으면 기분이 좋지 않게 된다. 그래서 대화가 불편하게 되고 만다. 게다가 이런 말은 틀린 말이기 때문에 좋지 못한 감정을 유발하게 된다.

사실 말하는 사람의 처지에서 보면 상대가 늘 그런 행동을 하는 것 같다. '늘 컴퓨터를 하고', '항상 부탁하고', '맨날 약속을 어기고', '언제나 잘못하는 것', 늘 그런 것 같다. 하지만 조금 더 자세히 들여다보면 상대 행동은 꼭 그러지 않는다. 종종 그런 경우가 있기는 하지만 그렇다고 **늘**, **항상**, **언제나**, **맨날** 그런 것은 아니라는 말이다. 그런데 사람들은 이를 모두 싸잡아 **늘** 그런다고 한다. 그러면 듣는 사람은 그런 것이 아니기 때문에 당장 부정하고 싶어 마음이 불편하게 되고 만다. 그래서 틀린 말이라는 것이다. 다음 말들을 한번 살펴보자.

"너는 항상 …하는구나."
"너는 늘 말대꾸하는구나."
"너는 언제나 너만 생각하는구나."

"너의 방은 늘 지저분하구나."

"너는 항상 그래."

내가 들었다고 가정하면 어떤 느낌이 드는가? 아마 기쁘게 받아들일 사람은 없을 것이다. 부정하고 싶은 구석이 많아서 "늘 말대꾸한 것은 아니잖아요?"와 같은 말을 하면서 반항이나 저항하고 싶을 것이다. 이런 말은 항상, 늘, 언제나 그런 것이 아니기 때문에 상대 행동을 정확하게 규정하는 말이다. 믿어지지 않으면 친한 친구에게 직접 실험해봐도 쉽게 알 수 있다. 친구에게 "너는 항상 비판적이더라.", "너는 항상 짜증 내더라."라는 말을 해보고 그 반응을 살펴보자. 그러면 당장 "내가 언제 항상 그런다고 그래? 그러지 않거든."이라는 반응을 보일 것이다. 만일 이런 말이 몹시 부당하다고 여기면 친구는 아주 못마땅하다는 듯이 거친 반응을 보이기도 할 것이다.

이런 말을 제한(制限)하라고 제안(提案)하면 "그러면 어떻게 말하라는 건가요?"라고 반문할 수 있다. 만일 상대의 어떤 행동이 내 마음에 들지 않아서 말하려고 한다. 그러면 빈도 부사 대신 상대 행동을 구체적으로 말하는 것이 좋다. 언제, 어떻게, 몇 번 그랬는지 정확한 날과 횟수를 언급하면서 말을 정리하는 것이다. 그러면 상태나 상황이 분명해져서 다른 불평이나 반항을 만들어내지 않게 된다.

이런 대화 방법은 다음 장에서 좀 더 구체적으로 다루기로 하고, 여기에서는 다만 상대 행동을 말할 때, 빈도 부사를 줄이는 것에 관심을 두면 좋겠다.

말이 삶을 바꾼다

대화의 조건 '부정어 줄이기'

좋은 대화를 위해서는 존중, 인정, 빈도 부사 제한 등이 필요하다고 했다. 이어서 여기에서는 '부정어 줄이기'를 다루려고 한다. 좋은 대화를 위해서는 좋은 감정과 분위기가 만들어져야 한다. 그런데 이런 분위기를 방해하는 말 가운데 부정어가 있다. "안 돼.", "…하지 말아라."와 같은 부정적인 말은 부정적인 이미지를 만들어내고, 더 나아가 부정적인 생각과 부정적인 감정을 불러일으킨다. 따라서 좋은 대화를 방해하는 말이다.

"네가 하고 싶은 대로 해서는 안 돼."
"그건 안 돼."
"하지 말라고."
"너는 할 수 없어."
"그것만 해서는 안 돼, 넌 뭘 할 수 없어."
"그러면 성공할 것 같니?"
"그리해서 뭘 하겠어?"

우리 언어 습관을 보면 생각보다 이런 말을 자주 사용한다. 어떤 사람은 자기가 이런 말들을 빈번하게 사용하는지 의식조차 하지 못하고 사용한다. 그런데 이런 말은 관계에 부정적인 영향을 줄 뿐만 아니라 관계 성장에도 도움이 되지 않는다. 대화하는 자리는 언제나 편안하고 즐거워야 한다. 부담스럽고 거북한 상황에서는 좋은 대화를 할 수 없다. 이런 부정적인 말을 자주 사용하는 사람과 만나 대화하면 대화를 나누더라도 불편을 느껴 침묵하거나 핸드폰만 보다가 헤어지는 경우가 생긴다.

미국 로욜라대학교 에드윈 그로스(E.J. Gross)는 시카고 시민에게 마케팅 조사라는 명목으로 볼펜과 연필을 보여주며 "이 제품을 얼마나 좋아합니까?"라고 물었다. 그러자 36.1%가 좋아한다고 대답했다. 다시 이번에는 똑같은 제품을 보여주며 "이 제품을 얼마나 싫어합니까?"라고 질문했다. 그랬더니, 좋아한다는 대답이

말이 삶을 바꾼다

15.6%로 감소했다.

똑같은 제품에 대한 느낌을 물었는데 긍정과 부정에 따라 이렇게 다른 결과가 나온 것이다. 이런 결과는 다른 상황에서도 비슷한 결과를 보인다. 부정적인 말이 우리 생활에 상당한 영향을 미치고 있다는 사실을 보여주는 실험이라 하겠다.

또 다른 부정적인 언어 사용의 폐단은 상대 행동을 규제하고, 얽매고, 통제하는 것이다. 사람은 누구나 편안하고 자유로운 가운데 말하고, 교제하기를 원한다. 따라서 누구나 통제 속에 갇혀서 억눌려 지내는 것을 싫어한다.

따라서 좋은 대화를 원하는 사람이라면 생활 속에서 상대를 존중해주고, 행동과 마음 상태를 인정해주고, 빈도 부사를 줄이는 것이 좋다. 거기에 부정적인 언어 사용을 줄이는 것이 좋다. 이런 마음가짐은 상대와 좋은 대화를 할 수 있는 기본 바탕이 된다. 이런 의식은 나와 상대의 행복한 삶과 좋은 관계로 연결하는 촉매제라 하겠다.

05

대화의 조건 '행동 말하기 1'

대화를 잘하기 위해서는 앞에서 언급했던 것처럼 여러 요소가 필요하다. 존중과 인정, 그리고 빈도 부사 자제, 부정어 줄이기 등이었다. 여기에서는 조금 더 나아가 대화를 불편하게 만드는 대화 패턴을 언급하고 대화를 불편하지 않게 만드는 '행동 말하기'를 다루려고 한다.

사람들과 관계가 불편해지거나 혹은 가까운 부부 사이에서 언쟁이 시작되는 것을 보면 대부분 상대 행동을 그대로 말하지 않아서 벌어진 경우가 많다. 그냥 자기 생각대로, 느낀 대로 말하는 것이다. 혹은 자기 생각이나 판단을 그대로 말함으로써, 언쟁이 시작된다는 것이다. 예를 들어 이런 경우다.

"넌 바람둥이 같아."
"넌 술만 먹으면 개가 되더라."
"당신은 자기 엄마 편만 드는 것 같더라."

우리가 생활 속에서 아무런 생각 없이 그냥 자주 사용하는 말

말이 삶을 바꾼다

들이다. 얼른 보면 마땅하고 당연한 말처럼 보이지만 여기에는 치명적인 결함이 있다. 먼저 화자가 자기 마음대로, 생각나는 대로 말하는 것이고, 그다음은 듣는 사람의 기분을 불편하게 만드는 것이다.

'바람둥이', '개', '엄마 편' 등은 모두 화자가 자기 관점에서 얻은 자기 생각을 말한 것이다. 만일 듣는 사람이 자기는 바람둥이가 아니라고 생각하거나, 실제로 바람둥이라 하더라도 스스로 바람둥이라고는 생각하지 않으면 당장 "바람둥이 아니거든."이라는 반발을 할 수 있다. 또한 듣는 사람이 술을 먹고 가끔 이상한 행동을 하기는 하지만 개처럼 하지 않는다고 생각하면 "내가 언제 개가 되었다고 그래?"처럼 당장 반박할 수 있는 말이다. '엄마 편'이라는 말도 상대가 중립적인 태도를 했다고 생각하면 당장 "내가 언제 엄마 편만 들었다고 그래?"라는 반발을 살 수 있다.

그러니까 이런 말은 말 자체가 명확하지 않은 말이다. 모두 화자가 짐작, 추측, 평가하는 말이다. 말하는 사람이 실제 행동과 다른 말을 하면서 듣는 사람의 반발을 사는 말이다.

사람은 다른 사람의 평가를 받으면 불편을 느낀다. 그리고 내 생각과 다른 추측성 말을 하면 역시 기분이 나빠진다. 그런데 우리는 말할 때, 별다른 생각 없이 내 짐작이나 추측, 평가 등을 아주 습관처럼 잘 사용한다. 그래서 대화를 불편하게 만들곤 한다.

　처음 이 말을 접한 사람은 '무슨 말일까?' 할는지 모르겠다. 또는 이런 말을 워낙 보편적으로 사용하고 있어서 그 차이를 느끼지 못할 수 있다. 또한 이런 말에 미묘한 차이가 있다는 것을 생각해본 적이 없어서 그 차이나 의미를 잘 모를 수 있다. 그러면 '행동을 말하는 것'과 '추측이나 짐작, 평가를 말하는 것'의 차이를 알아보자.

　우리 속담에 "열 길 물속은 알아도 한 길 사람 속은 모른다."라는 말이 있다. 다른 사람의 마음에 담긴 의도를 알기 어렵다는 말이다. 타인의 의도를 어쩌다가 한 번쯤은 맞힐 수 있어도 정확히 알아내는 일은 거의 불가능하다. 이렇게 어렵고 불가능한 일을 가지고 말할 때, 마치 내가 신(神)이라도 되는 것처럼 남의 생각이나 행동 등을 짐작해 말하곤 한다. 그러면서 오해나 불편을 만들어낸다.

　　　　　　　　　　　　　　　　　　말이 삶을 바꾼다

'짐작'과 '행동 말하기'의 차이를 위에서 예로 들었던 말을 가지고 알아보자. "넌 바람둥이 같아."라는 말은 내가 상대 행동을 짐작한 대로 한 말이다. 나는 그 정도 행동이나 그 정도 말이라고 하면 바람둥이라고 생각한다. 그래서 바람둥이라고 했다. 그런데 듣는 사람은 그렇게 생각하지 않는다. 내 말과 듣는 사람의 관점이 서로 달라 청자는 화자의 말에 동의할 수 없었다. 그래서 반발한 것이다.

이런 경우, 어떻게 말하면 좋을까? 행동을 그대로 '새 이성 친구를 만나는 것'이라고 말하면 된다. 자기 짐작을 말하지 않고, 행동을 이렇게 말하면 다른 반발을 일으키지 않게 된다.

또 "넌 술만 먹으면 개가 되더라."라는 말을 하면 청자는 "내가 언제 개가 되었다고 그래?"라는 반응을 보일 수 있다. 이것을 '행동 말하기'로 하면 '지금 …하는 모습'이다. 지금 친구의 행동을 그대로 말하면 그것이 사실이기 때문에 친구는 다른 말을 할 수 없게 된다.

또 "당신은 자기 엄마 편만 드는 것 같더라."라고 하면 남편은 "내가 언제 엄마 편만 들었다고 그래?" 하면서 저항하게 된다. 이를 행동 그대로 말하면 '그 자리에서 당신이 어머니 말에 동의하는 것'이다.

사람들이 말할 때, 일부러 상대 반발을 사거나 마음에 불편을 주고 싶어서 이런 말을 사용하는 사람은 없을 것이다. 오히려 좋은 분위기 가운데 좋은 관계를 유지하면서 상대와 긴 대화를 나누고 싶을 것이다. 그런데 의도와 달리 대화가 엇박자가 나거나 반발을 사는 경우, 대부분 화자가 말을 잘못해서 일어난 경우가 많다. 우리가 행동을 있는 그대로 말해야 하는 이유이다.

만일 대화에서 이렇게 자기 짐작을 말하면 그것이 사실과 다르면 동문서답과 같은 대화가 되거나 언쟁으로 이어지기 쉽다. 그래서 우리는 말할 때 서로 존중하는 마음에서 상대를 인정하고, 행동을 있는 그대로 말하는 것이 좋다. 이런 생각을 가지고 연습하면 누구든지 좋은 대화 기술을 가질 수 있다.

말이 삶을 바꾼다

06

대화의 조건 '행동 말하기 2'

앞에서 우리는 상대 행동을 보고 추측이나 짐작, 그리고 평가하는 말 대신 행동을 있는 그대로 말해야 한다고 했다. 우리 말하는 습관을 보면 보통 머리에 떠오른 대로, 생각나는 대로 말하는 경향이 있다. 그래서 이런 어법을 말하면 상당히 어렵게 느끼기도 한다. 그리고 성격 중에는 이런 제안을 따르고 싶어도 본능적으로 잘되지 않는 사람들이 있다. 앞에서 MBTI 성격 유형을 다루면서 언급했던 두 번째, 감각형(S)과 직관형(N) 중에서 직관형의 사람들이다. 이해를 돕기 위해 그 이야기를 잠깐 상기해보도록 한다.

감각형(S)의 사람들은 어떤 정보를 받아들일 때 오감(五感), 즉 냄새 맡고, 만지고, 보고, 듣고, 맛보는 것 등을 통해 정보를 받아들인다. 그리고 직관형(N) 사람들은 어떤 정보의 이면에 담긴 의미나 가치를 잘 파악한다. 그래서 이들은 어떤 행동을 보거나 현상을 만나면 그것 자체보다는 그 이면에 담겨 있을 법한 의미나 가치를 직관적으로 잘 파악한다.

따라서 감각형의 사람들은 보이는 것을 있는 그대로 말하려는 성격적 특성이 있다. 그래서 이런 화법을 제안하면 쉽게 적용할 수 있다. 반대로 직관형의 사람들은 성격 특성 자체가 상대의 어떤 몸짓이나 행동을 보면 그대로 말하지 않고 자기 추측이나 짐작을 말하려고 한다. 따라서 이들은 이런 '행동 말하기'를 제안하면 당장 어렵게 느낀다. 그러니 처음부터 조금 더 노력을 기울이는 것이 좋다.

이런 경우를 보자. 어느 날 아내가 남편과 상의할 일이 있어서 남편에게 전화했는데, 전화를 받지 않았다. 두 번, 세 번을 해도 받지 않았다. 일은 일대로 해결되지 않고 꼬이는 바람에 아내는 몹시 화가 났다. 퇴근해 저녁에 남편을 만났다. 아내는 "당신, 나를 그렇게 무시해도 되는 거야?"라고 했다. 남편이 "내가 언제 당신을 무시했다고 그래?"라고 대꾸했다. "내가 그렇게 전화해도 받지 않는 것은 나를 무시한 거지, 그게 아니면 뭐야?"라고 했다. 아내가 하고 싶은 말은 '전화를 받지 않아서 화가 났었다.'라는 말이다. 그런데 아내는 자기 머리에 떠오른 대로 '무시'라는 말을 사용하고 말았다. 그러니 남편의 저항을 만나서 다른 언쟁을 벌이고, 감정은 회복되지 못하고 말았다. 결국 행동을 말하지 않은 것이 의도와 다른 결론에 이르게 만든 것이다. 이런 사소한 말 차이를 가볍게 여기면서 아내는 화를 푸는 것도, 위로를 받는 것도 모두 실패하고 말았다.

사실 남편이 전화를 받지 않은 것은 아내를 무시해서 그런 게 아니다. 그냥 일하다 보니 그렇게 됐을 뿐이다. 그런 일을 두고 아내는 자기가 짐작한 대로 자기 생각을 말하면서 예상과 다른 결과에 이르고 말았다.

이렇게 자기 짐작이나 판단을 말하다 보면 전혀 예상 밖의 다른 결과에 이르기도 한다. 한번 생각해보자. 만일 이렇게 해서 싸우게 된다면 누구 책임일까? 아내가 남편의 행동을 그대로 말하지 않았기 때문에 아내 책임이라 하겠다.

그러면 이런 경우, 어떻게 말하는 것이 좋을까? 행동을 있는 그대로 "당신이 오늘 내 전화를 두세 번 받지 않아 화가 났어."라고 하면 된다. 그러면 남편이 그렇게 된 사정을 말했을 것이고, 그러면 남편의 불편한 대꾸도 만나지 않게 되었을 것이다. 그래서 대화 나눌 때는 상대 행동을 있는 그대로 말하는 것이 매우 중요하다.

간혹 사람 중에는 자기가 추측한 내용을 가지고 상대가 동의하지 않는다며 화를 내는 사람이 있다. 맞지도 않은 짐작을 하고 맞는 이야기라며 상대에게 동의하라고 강요하는 꼴이다. 특히 친한 사람 사이에서 이런 강요가 많은 것을 보게 된다. 그러면 말이 울퉁불퉁하게 되고 나중에는 싸움으로 발전하기도 한다. 그래서 우리는 평상시에 행동을 있는 그대로 말하는 연습을 하는 것이 좋다.

"너는 온종일 아무것도 하지 않고 TV만 보고 있구나."
"당신은 내 부탁을 왜 하나도 안 들어?"
"나와 상의하라고 했는데, 너는 마음대로 결정하니?"
"(밖에 나가려는 남편을 보고) 당신 또 술 먹고 싶어 나가는 거지?"

쉽게 고쳐지는지 실습해보자.

"아침 식사 후 8시부터 12시까지 TV를 보고 있구나."
"부모님이 오늘까지 전화해달라고 하신 것"
"상의 없이 비싼 옷을 산 것"
"당신 친구 만나러 간 것"

우리 언어 습관을 보면 대부분 이렇게 거리낌 없이 추측, 생각, 평가하는 말에 익숙해져 있다. 오랫동안 유지해온 언어 습관을 고치는 일은 쉽지 않은 일이다. 이제 좋은 대화법을 알게 되었으니, 이런 대화법에 관심을 가져보자. 이런 유형의 대화가 우리의 대화를 가치 있게 만든다고 생각하면서 자주 연습해보는 것이 좋겠다. 그러면 우리의 대화가 지금보다 더 좋아지리라 확신한다.

제4장

대화의 장애물

01

대화의 장애물 '명령', '지시'

우리말에는 존댓말이 잘 발달되어 있다. 요즘에는 그 강도가 조금 엷어졌다고는 하지만 그래도 이 말만으로도 나이의 많고 적음, 그리고 직책의 높낮이를 저절로 규명해준다. 그래서 얼핏 보면 좋은 관행처럼 보이기도 한다. 하지만 실천해야 하는 사람들에게는 불편이 되기도 한다. 게다가 여기에 권위나, 타인에 비해 우월하다는 심리가 얹어지면 더 많은 폐단이 만들어지기도 한다.

이런 부작용이 있지만 사람들은 처음 만나면 나이의 많고 적음, 직책의 높낮이를 가리려고 한다. 이것이 불편한 이유는 상대를 존중하거나 대접하고 싶은 마음에서라기보다 내가 남보다 더 우월하고 싶은 마음이 더 크게 작용하기 때문이다. 이렇게 해서 서열이 정해지면 관계의 효율이나 밀접도를 증명하기라도 하듯이 말을 낮추거나 높이려고 한다. 이런 의식은 대화할 때도 상대에게 쉽게 '하대'하거나 '반말'을 하는 형태로 나타난다.

"어이! 이것 좀 해봐."
"이봐, 이것 서둘러서 해놔."

말이 삶을 바꾼다

"얼른 확인해봐."

우리는 생활 속에서 이런 '명령'이나 '지시'하는 말들을 너무 자주, 쉽게 사용하는 경향이 있다. 반말, 평어 등이 친밀감을 나타낼수 있지만, 반대로 상대를 무시하거나 업신여기는 시발이 되기도한다. 이런 말들이 교제할 때 도움을 주기도 하지만 때로는 관계를 훼손하는 도구가 되기도 한다.

초등학교 학생들을 대상으로 한 연구에 따르면 학생들 사이에서 서로 존댓말을 사용하게 했더니, 불편을 주는 일이나 관계를 훼손하는 일이 확연히 줄어들었다는 연구 결과도 있다. 따라서 반말이나 하대가 상대에게 거리감을 덜어주는 언어로만 알고 사용하다가는 생각과 다른 결과에 이를 수도 있다는 점을 기억하면 좋겠다.

'지시'하고 '명령'하는 말들은 우리가 생각하고 있는 것보다 부작용이 많다. 가장 먼저 들 수 있는 것은, 청자에게 부정적인 감정을 불러일으킨다는 점이다. 얼른 느낌이 오지 않을 수 있으나, 이런 말을 들었을 때 사람들이 보이는 반응을 보면 그 부작용을 쉽게 짐작할 수 있다. 다음 말들을 내가 들었다고 가정해보자. 어떤 느낌이 드는지 말해보면 좋겠다.

"손님, 주차 좀 바르게 하세요."
"그렇게 말하지 마세요."
"약속을 잘 지키세요."
"지각하지 마세요."

이런 말을 들으면 나도 모르게 당장 불편한 감정이 일어나 불만이나 반항으로 이어지게 된다. '지시'나 '명령'하는 사람은 잘 모르지만, 듣는 사람은 속으로 '자기가 뭐라고 내게 이렇게, 저렇게 하라는 거야? 어디 두고 보자.'처럼 반항하고 싶은 마음을 유발한다. 이런 마음이 더 커지면 말하는 사람에게 한 번쯤 대들고 싶은 마음이 일어나기도 한다. 대화할 때도 마찬가지다. 이런 말을 사용하면 누구든지 불편을 느끼고, 대화를 부담스럽게 여긴다. '지시'나 '명령'이 가져오는 부작용이다.

대학생인 지민은 최근 "아버지가 '저녁 10시까지는 집에 들어와라.' 하셔서 '요즘 대학생들이 그 시간을 어떻게 지킬 수 있어요?'라

말이 삶을 바꾼다

고 했더니, 아빠는 '너는 아빠 말을 뭐로 아니? 잔소리 말고, 하라면 해.'라고 하셨어요. 그래서 저는 우리 아빠와 더 이상 말하고 싶지 않았어요."라고 했다.

우리는 일상적으로 "…을 가져와라.", "…하지 말아라.", "…까지 해라." 등과 같이 '지시'나 '명령'하는 말속에 살아가고 있는지 모르겠다. 그래서 어느 정도는 무시하고 견딜 수 있지만 만일 감정이 가라앉은 상태라든지, 화가 나 있는 경우라면 상황이 아주 달라진다. 이런 말들은 관계에 도움 되지 않을 뿐만 아니라 대화를 가로막는 '장애물'이라는 사실을 알면 좋겠다. 만일 이런 말의 폐단이 느껴지지 않으면 다음과 같은 말들을 들었다고 가정해보면 쉽게 알 수 있다.

"너는 말을 전혀 듣지 않는구나. 언제 사람 될래? 너 자신을 돌아봐라."
"이봐, 무슨 일을 이렇게 해, 다시 해 와."
"리포트가 이게 뭐야, 하려면 하고, 말려면 말지."

이런 말을 들으면 마음이 편치 않아진다. '자기가 뭐라고, 내게 이런 소리 하지?', '내가 지금 이런 소리를 들어야 하나?' 하는 부정적인 생각이 들기 때문이다. 만일 이런 명령에 응하지 못할 경우, '이를 어쩌지?' 하면서 두려움을 느끼거나, 불평하는 마음이 일게 된다.

이런 말들의 문제점은 화자의 일방적인 명령이라 청자의 마음이
나 입장, 생각이 끼어들 여지가 없다. 듣는 사람에게 오직 의무만
있을 뿐이다. 이것이 강하게 전달되면 청자는 '이 명령을 수행하지
못하면 나는 어떻게 되지?'라는 두려움을 느끼기도 한다. 따라서
이런 말은 대화의 단절은 물론 그런 말을 하는 사람까지 피하고
싶어질 정도가 된다.

결과적으로 "…해라.", "…해야 한다.", "…하지 않으면 안 된다."처
럼 '지시'나 '명령'하는 말들은 의사소통을 방해할 뿐만 아니라 관
계를 훼손하는 말이라는 것이다.

우리는 그동안 이런 말들이 자유롭게 사용되는 환경 속에서 생
활해왔다. 그래서 우리도 이런 말들을 아무 거리낌 없이 습관처럼

말이 삶을 바꾼다

사용하고 있다. 따라서 우리 언어 습관을 고치는 일은 쉽지 않다. 하지만 우리는 좋은 대화를 하고 좋은 인간관계를 위해서라면 교정하려는 노력을 기울이는 것이 좋다.

골프를 처음 배우는 사람은 골프채를 잡는 방법부터 배우게 된다. 골프채를 잡는 방법이 일반 물건을 잡는 형태와 조금 달라 처음에는 상당히 불편해 야구방망이 잡는 것처럼 하고 싶어진다. 하지만 조금만 연습하면 잡는 방법이 익숙해져 상당히 안정적이고 편하다는 사실을 알게 된다.

마찬가지로 우리 언어 습관을 교정하려면 처음에는 당장 불편하게 느낄 수 있다. 하지만 조금 노력하면 이런 언어생활이 편하고 좋다는 것을 알게 될 것이다. 이제 그런 훈련을 시작하려고 한다. 조금 힘을 내서 배워보자.

대화의 장애물 '위협', '경고'

우리 마음은 환경에 상당한 영향을 받는다. 외적인 여건도 그렇거니와 특별히 우리가 사용하는 말도 영향을 받는다. 우리가 별로 신경 쓰지 않고 자주 사용하는, '지시'하고 '명령'하는 말에서 영향을 받기도 한다. 그리고 또 다른 '위협'이나 '경고', '비난'하는 말 등에서도 영향을 받는다.

이런 경우를 보자. 어느 날 교수님이 리포트를 내주셨다. 민석이 "너무 많아요." 불평했더니, 교수님은 "그러면 알아서 하세요. 점수 없을 겁니다."라고 하셨다. 교수님의 반응에 민석은 "그 말 한마디 했다고 알아서 하라고 하다니, 속이 상해서 '그러든가 말든가' 리포트 안 낼 겁니다."라고 했다. 교수님이 '점수 없다'라는 말로 위협하니 민석은 불편을 느끼고 교수님과 대화하고 싶지 않았다고 했다. 위협하는 말은 이렇게 대화를 불편하게 만든다.

짐작해 보면 교수님은 민석과 관계를 훼손하고 싶어서 이런 말을 사용한 것은 아니었을 것이다. 반대로 이런 말을 통해 민석이 리포트를 잘해서, 좋은 점수 받기를 원해서 그랬을 것이다. 하지만 이런 긍정적인 바람과 달리 민석은 불만을 잔뜩 품고 오히려 반항, 저항하는 태도를 보이고 말았다. 이렇게 '위협'하는 말은 대화를 불편하게 만들 뿐만 아니라 의도와 다른 결과를 가져오기도 한다.

지영은 집에서 엄마에게 "저 회사 그만두고, 다시 공부할래요. 2년만 지원해주세요."라고 했다. 그랬더니, 엄마는 "그 좋은 회사 놔두고, 또 무슨 시험을 준비하려고 그래? 그냥 다녀. 그렇게 하려면 네가 알아서 해. 지원은 못 해준다."라고 하셨다.

이런 말을 들은 지영은 '엄마가 지원을 해주든 안 하든 내 일이니까 내가 알아서 해야지, 앞으로 엄마와 의논하나 봐라.'라는 생각을 가졌다고 한다.

"만일 그렇게 하지 않으면 …한다.", 혹은 "그렇게 하는 게 좋아, 만일 그렇지 않으면….", "너 알아서 해."와 같은 말들은 모두 '경고'나 '위협'하는 말들이다. 이런 말들은 다른 변명이나 다른 어떤 생각을 할 수 없게 만든다. 그래서 듣고 있는 사람의 마음을 불편하게 만들어 지영처럼 엄마와 대화를 끊거나 반항하는 형태의 결과를 가져온다. 이렇게 경고나 위협은 우리 대화를 방해하는 장애물이 된다.

이런 말을 들으면 누구나 '그러면 복종해야 하는가?' 하는 불편한 감정이 일어난다. 심한 경우 분노를 일으키기도 한다. 어떤 사람은 이런 생각을 마음에 담아두었다가 언젠가는 앙갚음하리라는 생각을 하기도 한다.

'경고'나 '위협'하는 말은 누구에게 당장 거부감을 가져다준다. 어떤 이유를 들어서라도 반항하거나 저항하고 싶은 마음이 생기기 때문이다. 그렇지 않으면 이런 말을 사용하는 사람과는 대화를 얼른 끝내고 싶은 마음을 갖게 한다. 따라서 사람들과 좋은 관계 속에서 좋은 사귐을 원하는 사람이라면 경고나 위협하는 말을 걸러내는 것이 좋겠다.

말이 삶을 바꾼다

03

대화의 장애물 '훈화', '설교'

우리 속담에 "남 잔치에 배 놔라 감 놔라 한다."라는 말과 또 "굿이나 보고 떡이나 먹지."라는 말이 있다. 남 일에 쓸데없이 간섭하지 말라는 경고성 말이다.

우리는 부지불식간에 남 일에 관여하는 것을 좋아한다. 이런 의식은 현실에서 훈계나 설교 형식으로 나타난다. 설교나 훈계 등은 겉으로 보기에는 좋아 보이지만 우리 생활에 꼭 그렇게 긍정적으로 작용하지 않는다.

필자가 학교에 있을 때 지도했던 학생 가운데 현승이라는 아이가 있었다. 학교에서 흡연 문제로 자주 지도받던 아이였는데, 흡연하게 된 계기가 관심을 끌었다.

현승은 어려서부터 아버지 훈계 말씀을 자주 들었다고 한다. 특별히 술을 드시고 들어오는 날이면 현승을 불러놓고, 무릎을 꿇게 한 다음, 사람이 살아가는 데 필요한 좋은 말씀들로 훈계하셨다고 한다. 아마 모르긴 해도 아빠는 현승이 크게 성공하라는 의미에서 이런 말씀을 하셨을 것이다. 하지만 현승은 아빠의 훈계를 불편한 잔소리로 들었다.

이런 말을 들을 때면 현승은 '나도 얼른 어른이 돼, 내 마음대로, 내가 하고 싶은 대로 하며 살아야 하겠구나.'라는 생각을 했다고 한다. 어른이 얼른 되고 싶은 마음에 어른 흉내를 내고 싶어서 담배를 시작했다고 한다. 결국 아버지의 훈계는 현승이 담배를 피우는 명분을 제공한 꼴이 되고 말았다.

우리는 남의 발전과 성공을 위해 좋은 마음에서 훈계나 훈화, 조언 등을 늘어놓는다. 애정을 갖고, 관심이 많은 사람일수록 더욱 그러는 경향이 있다. 하지만 화자의 좋은 의도와 달리 훈화나 훈계는 듣는 사람에게 불편을 준다. 그래서 사람들은 이런 말이 길어지면 그 자리에서 얼른 벗어나려고 한다.

"네가 꼭 해야 할 것은…", "너는 자식으로서 …해야 한다.", "너의 책임이 중요하단다." 등과 같이 '충고'나 '설교', '훈화' 같은 말들은 좋은 대화 도구처럼 보지만 사실은 사람에게 은근한 불편을 준다. 이런 말은 '내가 무엇을 못하니까 …을 제시하는가?'라는 느낌을 주고, 어떤 구속감이나 죄책감을 가져다준다. 또한 '…와 같은 책임'을 느끼게 되어 상당한 부담을 갖게 한다. 그래서 이런 말들은 결국 자기를 비하하는 생각으로 이어지게 하거나 자존감에 손상을 입히기도 한다.

　　　　　　　　　　　　　　　　　　　　말이 삶을 바꾼다

우리는 이와 관련하여 이미 많은 경험을 했다. 학교 다닐 때, 선생님들로부터 수많은 훈화를 들었다. 하지만 선생님 훈화가 내 삶에 도움이 되었다고 말하는 사람은 거의 없다. 훈화를 기억하고 활용하는 사람도 드물다. 뿐만 아니라 이런 말들이 길어지면 지루했다는 기억이 대부분이다. 말하는 사람은 선한 의도를 갖고 하는 말이지만 듣는 사람은 불편했던 기억만 얻었다.

훈화와 훈계의 기능이 이러는데도 대다수 사람은 여전히 훈화나 훈계를 좋아한다. 그 주제는 넓고 다양해서, 책을 많이 읽어야 하고, 공부를 열심히 해야 하고, 성공하는 사람들의 태도를 본받아야 한다는 등 이루 다 언급하기 어려울 정도로 많다. 그리고도 만일 문제를 해결하지 못하거나 목표에 이르지 못하면, 그 문제 역시 모두 듣는 사람의 책임임을 일러준다. 순종 안 해서 그렇고, 부모님 말씀을 따르지 않아서 그렇고, 노력하지 않아서 그렇고,

생각을 잘못해서…….

　그러니 이런 말을 들으면 마치 죄인이 된 것처럼 주눅 들기 쉽고, 마음이 불편해진다. 따라서 이런 말은 청자에게 불편을 줄 뿐, 생명력 있는 말이라 할 수 없다. 이런 말로는 결코 편안한 대화를 할 수 없다. 뿐만 아니라 상대를 변화시킬 수도 없다. 결론적으로 이런 말을 하는 사람은 필요 없는 말로 시간과 에너지를 낭비할 뿐이다. 듣는 사람은 그냥 허공에 흩어 보내버리기 때문이다. 그래서 훈화나 훈계는 상당한 폐단을 안고 있는 장애물이라 하겠다.

　　　　　　　　　　　　　　　　　　　말이 삶을 바꾼다

04

대화의 장애물 '충고', '설득'

　사람들과 대화하다 보면 본의 아니게 장기판의 훈수처럼 남의 일에 관여하게 되는 경우가 있다. 어느 순간 나 자신을 잊고 상대 부족함이나 결함이 눈에 얼른 들어오기 때문이다. 이런 모습의 기저에는 다른 사람보다 내가 더 우월하다는 의식이 자리하고 있어서 그런다. 그러면 당장 내 생각을 다른 사람에게 주입하고 싶은 마음이 든다.

　더구나 친구가 내게 고민거리가 있어서 "너는 이 문제를 어떻게 생각해?"라고 하면 상대를 위한다는 생각에서 "이렇게 하는 게 어때?", "내가 너라면 …하겠어.", "내가 네게 해주고 싶은 말은…." 같은 말을 하게 된다. 이른바, '충고'나 '설득'이다. 얼른 보기에는 모두 좋은 말처럼 보인다. 하지만 이런 말 역시 대화를 불편하게 만드는 말이다.

　'충고'나 '설득'의 어려움을 한비자(韓非子)는 「세난」 편에서 "무릇 남을 설득한다는 것은 어려운 일이다. 하지만 그 어려움이란 상대와 대면한 자리에서 내가 알고 있는 어떤 것을 그가 이해하도록 설명하기가 어렵다는 것이 아니다. 또 내 말의 조리가 내 뜻을 분명하게 전할 수 있느냐의 대한 어려움도 아니다. 또 내 뜻을 거리낌 없는 언변으로 다 보이게 할 수 있느냐도 아니다. 설득의 어려움이란 설복하려는 상대의 마음을 헤아려 나의 언변을 그의 마음에 맞출 수 있는가 하는 점에 있다."라고 했다.

　설득의 핵심은 상대 마음을 헤아려 거기에 맞춰야 한다는 말이다. 그런데 이것이 쉬운 일이 아니다. 설득이 좋은 화법이 아니라는 증거는 우리 주변 곳곳에 널려 있다. 카페에서 음료 고르는 일을 예로 살펴보자. 손님이 "무슨 음료를 마실까? 커피는 좀 그렇

　　　　　　　　　　　　　　말이 삶을 바꾼다

고…"라며 고민한다. 그래서 "그럼, 커피가 들어가지 않은 고구마 라테, 녹차 라테, 밤 라테 등은 어때요?"라고, 커피가 들어가 있지 않은 음료를 권하는데도 "그것은 좀 그렇고…"라고 한다. "그러면 차(茶) 종류로 유자, 자몽, 생강 등은 어때요?"라고 추천해본다. 그 러면 추천하는 것을 고르지 않고, 전혀 엉뚱한 "○○요."라고 하는 경우가 많다. 사소한 일이지만 충고나 설득, 조언, 제시 등이 이처 럼 상대에게 별 도움이 되지 않는다는 말이다.

또 충고하는 말 중에는 이런 말도 있다. "네가 무엇을 잘못했느 냐 하면…", "그런데 그것은 말이야…", "네 처지를 생각해봐, 그것 이 가능하겠는가?" 이런 말은 상당한 논리로 설득하고 있다. 그래 서 좋은 말처럼 보인다. 하지만 이런 말은 듣는 사람 마음에 저항 감을 만들어낸다. '그게 무슨 잘못이라고' 하거나 '그 정도는 다 하 는 잘못이라고'라는 감정을 만들어내기 때문이다. 그래서 당장 그 말에 반박하고 싶은 마음이 든다. 그러면 원치 않은 언쟁으로 이 어져 옥신각신하게 된다. 또한 청자가 무시당한 느낌이 들어서 자 존심에 상처를 입기도 한다. 따라서 이런 말로 상대에게 타이르는 것은 좋은 대화라 할 수 없다.

또한 여기에 못지않게 '거 봐. …하면 되잖아.'라는, 해결책을 제 시해주는 말도 있다. 청자에게 무엇인가 확신을 갖게 하고 싶어 서, 아니면 화자의 말에 신뢰를 높여주고 싶어서 그런다. 아니면 청자를 내가 바라는 어떤 이상적인 상태로 이끌고 가고 싶어서 그 러기도 한다. 그렇다고 하더라도 이러한 말은 청자에게 좋은 영향력을 끼칠 수 없다.

말이나 대화를 잘하기 위해서는 말이 잘 흘러갈 수 있도록 돕는 기술이 있어야 한다. 그러기 위해서는 우선 기본적인 방법으로 대화를 방해하는 장애물들을 사용하지 않아야 한다. 이것을 마음에 두지 않으면 마음으로는 좋은 대화를 하고 싶어도 실제 대화에서 말들이 울퉁불퉁하게 될 가능성이 높다. 그러면 '나는 왜 이렇게 말을 못 할까? 왜 이렇게 어리석은 거야?'라고 생각하면서 자책하기도 한다. 말을 못한 것이 아니라 대화에서 말이 흘러가는 것을 가로막는 말들이 많아 대화를 방해하기 때문이다. 그래서 할 수 있는 대로 대화를 가로막는 말을 줄이거나 빼는 것이 좋다. 결과적으로 이런 대화법 훈련이 필요하다고 하겠다.

말이 삶을 바꾼다

05

대화의 장애물 '판단', '평가', '분석'

사람이라면 누구나 행복한 삶을 소망한다. 하지만 살다 보면 이런 삶은 나 혼자만 꿈꾸거나 열심히 노력한다고 해서 이루어지지 않는다. 그것은 사람과 사람, 사람과 관계 속에서 서로 부대끼고 소통하는 가운데서 싹이 트고, 자라서 열매를 맺기 때문이다. 아무리 좋은 능력을 갖춘 사람이라 하더라도 사람과 사람의 관계가 불편해지면 행복과는 거리가 멀어지게 된다.

앞에서 언급한 요소들 외에 대화를 불편하게 만드는 다른 요인으로는 '평가하는 말'을 들 수 있다. 요즘 청소년들은 고민거리가 생기면 선생님보다는 친구를 먼저 찾아 상담한다. 2016년 1월 여성가족부에서 발표한 학생 실태 조사에 따르면, 학교를 그만두고 싶어서 찾아가 상담한 사람은 부모가 67%로 가장 많았고, 그다음은 친구가 44.7%였다. 학생들은 선생님들과 함께 보내는 시간이 많지만 교사를 찾아 상담하지 않는다. 이유가 있다면, 학생들은 교사를 행동이나, 성적을 평가하는 평가자로 알아 부담을 느끼기 때문이다. 사람은 누구나 통제나 관리, 평가받는 것을 싫어한다. 마찬가지로 대화에서 평가나 판단하는 말은 좋은 말이라 할 수 없다.

1. 판단하는 말

　사람들이 모여 이야기하다 보면 흥미를 끄는 것 중 하나는 남 흉보는 이야기다. 자기를 기준으로 남을 평가, 판단하는 일이다. 그래서 누구나 이 분야에서만큼은 일가견이 있다. 이유가 있다면 남을 평가하고 판단하는 일이 재미있기 때문이다. 그래서 한 사람이 말을 꺼내면 이 사람, 저 사람이 서로 합류하면서 이야기의 끝이 없어진다.

　"그 사람은 말이 많다."
　"그 사람은 실속이 없다. 이런 일이 있었다니까."
　"그 사람은 고집쟁이다."
　"그 사람은 구두쇠다."

　이렇게 남 흉보는 것은 '나는 그렇지 않은데 그 사람은 그렇다.' 라는 전제가 깔려 있다. 다른 자리에 가면 또 거기에 없는 사람의 흉을 보게 된다. 모두 나는 안 그러는데 그 사람은 그렇게 못되었다는 식의 말이다. 돌고 돌다 보면 모두가 다 고집쟁이고, 깍쟁이고, 실속이 없는 사람들이다. 그러니 흉보는 일은 크게 보면 "누워서 침 뱉기", 결국 모두 다 자기 흉을 그렇게 보고 있는 것이다. 흉보는 일이 이런 원리에 따라 작동되고 있는 줄 알면서도 흉보는 일이 그치지 않는 것은 모두 남 평가하는 일이 재미있기 때문이다.

　　　　　　　　　　　　　　　　　말이 삶을 바꾼다

반대로 그 당사자 입장에서 생각해보면 매우 기분 나쁠 일이다. 흉보는 자리에 당사자가 없어서 그렇지, 곁에서 듣는다면 버럭 화를 내고 싸움이 벌어질 만한 일이다. 이유가 있다면 누구나 자기를 평가하는 것을 탐탁지 않게 여기기 때문이다. 따라서 남을 평가하고 진단하는 말은 좋은 말이라 할 수 없다.

"너는 왜 그렇게 부정적이니?"
"너는 왜 그렇게 못된 짓만 하니?"
"너는 참 무례하구나."

모두 화자의 자의적인 판단이자, 평가하는 말들이다. "너는 왜 그렇게 부정적이니?"라는 말을 분석해보면, 이 말이 타당해지려면 화자의 말이 부정적인지, 긍정적인지, 중립적인 말인지 따져봐야 한다. 객관적으로 따져보면 그런지, 어떤지 애매하다. 그런데 이렇게 평가하는 것은 말하는 사람이 상대 말을 그렇게 부정적으로 들었기 때문이다. 듣는 사람이 자의적으로 판단한 말이다. 그러니 만일 화자가 부정적이라고 생각하지 않으면 당장 부정하게 된다. "어떻게 그것이 부정적이라고?"라는 반응을 보일 수 있다.

또 "너는 왜 그렇게 못된 짓만 하니?"라는 말은 그 사람의 행동을 보고 한 말이다. 이 경우도 지금 본 행동이 괜찮은 행동인지, 아니면 못된 행동인지 따져봐야 한다. 행동한 사람이 자기 행동을 못된 행동이라고 동의하지 않으면 당장 "어째서 그것이 못된 행동이라고?"라고 반격할 것이다.

또 "너는 참 무례하구나."라는 말도 상대의 행동이 무례한지 아닌지 따져봐야 한다. 만일 그 사람이 무례한 행동이라고 생각하지 않으면 당장 "내 행동이 어때서?"라는 저항을 만날 수 있다. 그러니 이런 말은 분명 청자의 기분을 좋지 않게 만든다. 대화를 거부하고, 관계를 청산하고 싶게 만든다.

이런 상황이 만들어진 이유는 모두 화자가 상대 행동을 자기 마음대로 평가하고 판단해서 결론 내렸기 때문이다. 이렇게 상대를 판단하거나 평가하는 말들은 근본적으로 좋은 말이 아니어서 상대와 거리를 만들 뿐 아니라 상대 마음에 불편을 일으켜 저항이나 대립을 만들어낸다. 따라서 우리는 대화 중에 이런 말 사용을 줄이거나 없애는 것이 좋다. 대화를 불편하게 만드는 장애물이기 때문이다.

말이 삶을 바꾼다

사람과 좋은 관계를 유지하려면 나의 말에 상대가 동의하고 수긍하고 인정할 수 있어야 한다. 그런데 이런 말은 부정적인 감정만 만들어낼 뿐, 상대로부터 인정받을 수 없다. 따라서 좋은 대화 기술이라 할 수 없다. 그렇다고 한다면 우리의 대화 방법은 분명해졌다. 이런 형태의 말을 줄이는 것이다.

2. 분석, 진단하는 말

어느 회사에서 팀별로 프로젝트를 수행하도록 했다. 한 팀에서 팀원들이 맡은 역할을 제대로 수행하지 않아 프로젝트가 지연되게 생겼다. 그러자 관리자가 팀장에게 "책임감이 부족하고 팀원 관리가 부실해 이런 일이 벌어졌네요. 게다가 문제가 발생했을 때 즉시 공유하지 않아서 팀원들이 상황을 인지하지 못했네요. 이 일은 전적으로 팀장 책임이네요."라고 했다.

팀장은 기분이 몹시 나빠 입술만 쭉 내밀고 굳은 표정으로 앉아 있었다. 동료들이 말을 걸어도 표정을 바꾸지 않고 시큰둥하다. 팀장은 관리자의 말 때문에 기분이 더 나빠지고 말았다. 팀원들의 잘못도 있는데 프로젝트가 지연된 상황을 분석하여 팀장에게 모든 책임을 전가하고 있기 때문이다. 일 지연의 원인이 무엇인지 분명히 알려주고 진단해주었는데 불편한 일이 벌어지고 말았다. 왜 이런 일이 벌어진 걸까? 좋은 대화 기술이 아니기 때문이다. 잘못을 떠나 이런 말을 들으면 누구나 기분이 나빠지기 마련이다.

"네가 잘못한 것은…."
"네가 본래는 그러고 싶지는 않았지?"

이런 진단과 분석하는 말들은 얼핏 보면 정당하고 바른말처럼 보이지만, 듣는 사람은 마음이 불편해진다. 만일 내가 내 잘못을 모르고 있거나, 설령 잘못을 인지하고 있더라도 이런 말을 들으면 기분이 나빠진다. 내가 충분히 인지하고 있는 경우, 속으로 '그래 내가 다 안다고, 알아.' 하는 반항심이 발동하게 된다.

이런 말을 들으면 누구나 여기에서 얼른 벗어나고 싶어진다. 자기 의도가 드러난 것에 대한 변명을 늘어놓거나 아니면 거짓말로 둘러대거나 왜곡하려 들기도 한다. 사람은 자신의 거짓이 탄로난 것에 대한 두려움이 있기 때문이다. 그러면 대개 이런 말을 하는 사람과는 더 이상 대화하고 싶지 않게 된다. 따라서 이런 분석과 진단하는 말은 좋은 대화 기술이 아니라 대화의 장애물이라는 사실을 기억하면 좋겠다.

말이 삶을 바꾼다

06

대화의 장애물 '비웃음', '비난', '빈정거림'

흉을 보듯이 남의 말이나 행동, 태도 등을 빈정거리거나 업신여기는 웃음을 비웃음이라 한다. 누구든지 이런 말을 들으면 기분이 상하게 된다.

윤선은 어느 날 가족들과 식사하면서 자기 꿈을 이야기했다. "나는 비행기 조종사가 되고 싶어."라고 했다. 이 말을 듣고 있던 누나가 "야, 꿈같은 소리 하지 마라. 조종사는 아무나 하는 줄 아니? 공부를 잘해야 한다고, 공부는 안 하면서 무슨 개꿈 같은 소리를."이라고 했다. 누나의 비웃는 말에 윤선은 상처를 받아 누나와 더 이상 대화하지 않고, 이후 가족들에게 자기 꿈 이야기를 하지 않게 되었다고 한다.

이처럼 비웃는 말은 가까운 가족일지라도 불편을 유발해 마음을 상하게 만든다. 가족이 아닌 친구 사이에서도 마찬가지다. 이런 경우도 보자. 어느 날 친구 재민이 "형석이는 만나면 나를 무시해."라는 말을 했다. 그 말을 들은 친구가 있는 그대로 "네가 멍청한 짓을 하니 그렇지."라는 말을 해주었다. 재민은 친구에게 위로받고 싶어서 했는데, 친구는 도리어 재민의 태도를 비웃고 있었다.

그런 일이 있은 뒤로 재민은 친구에게 말하는 것을 꺼리게 되었다. 게다가 그 친구의 일에 무관심으로 대했다고 한다.

무엇이 이들의 기분을 이렇게 만들었을까? 그것은 비웃는 말 때문이다. 상대의 행동을 비웃는 말은 판단이나 평가하는 말과 더불어 대화를 가로막는 장애물이 된다.

"네가 그래놓고 뭘 할 수 있다고?"
"야, 헛똑똑이!"
"거봐. 엄마 말 안 듣더니, 잘한다, 잘해!"

누구나 이런 말을 들으면 기분이 나빠진다. 심하면 대들어 싸우고 싶은 마음이 들기도 한다. 비웃는 말은 청자에게 자신이 무가치하며 사랑받지 못하고 있다는 느낌을 준다. 따라서 이런 말은 좋은 대화는 물론 좋은 관계를 어렵게 만든다.

이런 말에 이어 '비난'하는 말 역시 청자의 마음을 불편하게 만든다. 만일 회사에서 상사로부터 이런 말을 들었다고 가정해보자.

"너는 지금 경력이 몇 년인데 아직도 공문 하나 제대로 처리하지 못하는 거야?"
"너는 전임지에서도 이렇게 했나?"

말이 삶을 바꾼다

　당장 불쾌한 감정이 들 것이다. '내가 지금 이런 소리를 들어야 하나?', '내가 혹시 뭘 잘못했나?' 같은 의구심이 들면서 의기소침하게 된다. 이런 일을 반복해 만나면 그런 말을 하는 상사와 함께 일하고 싶지 않을 것이다. 또 이런 말은 어떤가?

"그게 대학생이 할 생각이냐?"
"당신이 하는 일이라고는, 아이고."
"잘한다, 잘해!"

　이런 유형의 빈정대는 말 역시 대화를 불편하게 만든다. 그런데 우리는 이런 말들을 아주 가까운 사이나, 주변 사람에게 별다른 생각 없이 자주 사용하는 경향이 있다. 좋은 관계를 위해서는 결코 좋은 언어 습관이라 할 수 없다.

지금까지 우리는 대화를 방해하는 장애물들을 이야기해봤다. 우리가 무심코 사용하는 말들의 상당 부분이 대화를 가로막는 말들이라는 것을 알 수 있었다. 우리가 대화할 때 이런 말들을 생각하면서, 서로에게 유익과 편안함과 행복을 가져다주는 대화를 하면 좋겠다.

제5장

대화의 기술

01

대화의 시작 '듣기'

사람은 만나면 말부터 하기 시작한다. 인사를 나누고, 생각을 나누고, 정보를 교환하면서 만남의 의미가 생겨난다. 만일 말을 하지 않고 머뭇거리고 있으면 당장 어색한 분위기가 만들어지기도 한다. 사람은 대화를 통해 정과 사랑을 느끼고 존재의 의미를 느끼게 된다. 말을 잘하는 사람이 부러운 이유다.

우리 삶은 말로 시작하고, 전개되고, 마무리된다고 해도 과언이 아니다. 그러다 보니 보통 아는 것이 많아야 하고, 결국 머리에 있는 것이 많아야 한다고 생각한다. 그래서 지식을 얻으려고 부단한 노력을 기울이기도 한다.

그래서 얼른 생각해보면 대화에서 가장 중요한 것은 '말하기'처럼 보인다. 하지만 우리 일반적인 생각과 달리, 대화에서는 말하는 것보다 '듣는 것'이 먼저다. 이런 원리는 아이들이 말 배우는 모습에서도 쉽게 알 수 있다. 아이들이 말하기까지는 상당한 시간이 걸리는데, 이유는 말하기에 앞서 많은 시간 말을 들어야 하기 때문이다. 듣기가 어느 정도 된 다음, 겨우 말 같지 않은 옹알이부터

말이 삶을 바꾼다

하기 시작한다. 그러다가 어느 순간 "엄마", "아빠"와 같은 간단한 말을 한다. 더 많은 말을 들으면 단어를 말하고, 이어서 짧은 문장을 말하게 된다. 만일 듣지 못한다면 말을 할 수 없게 된다. 따라서 '듣기'는 의사소통의 시작이자 마지막이라 할 수 있다.

이 원리는 우리 감각기관만 보더라도 쉽게 알 수 있다. 말하는 입은 하나요, 듣는 귀는 두 개다. 그만큼 듣는 것이 중요하다는 의미이다. 그리고 대화가 진행되는 과정만 살펴봐도 그 원리는 분명하다는 것을 알 수 있다.

대화는 듣는 사람이 있어야 가능해진다. 들어주는 사람이 없고 말하는 사람만 있으면 그것은 독백이 되고 만다. 그리고 대화가 되려면 듣는 사람이 계속 잘 들어줘야 지속될 수 있다. 만일 듣는 사람이 듣기 싫다고 거부하면 대화는 금방 끝나고 만다. 따라서 말이 대화로 이어지기 위해서는 듣는 사람이 있어야 하고, 듣는 사람이 오래 들어줘야 좋은 대화를 할 수 있다.

조금 더 확장해보면, 대화를 잘하기 위해서는 듣는 사람의 마음이 편해야 한다. 만일 듣는 사람의 마음이 불편해 대화를 거부하고 그 자리를 뜨면 대화가 금방 끝나고 만다. 좋은 대화는 듣는 일이 지속되어야 하고, 상대 마음이 편해야 한다. 따라서 좋은 대화는 듣는 것에서 출발한다고 하겠다.

그런데 대화하는 모습을 보면 이 기본이 잘 지켜지지 않는 것을 볼 수 있다. 좋은 관계를 바라면서도 듣기보다는 말을 먼저 하려고 한다. 그것도 자기 말만 많이 하려 든다. 대화의 기본이 지켜지지 않은 모습이다. 그리고 대화가 제대로 진행되지 못하도록 앞에서 다뤘던 장애물들을 자주 가져다놓는다. 그러다 보니 대화가 짧아지고, 쉽게 불편해지고 만다. 어떤 경우 대화를 마치고 나면 뒷맛이 개운치 못한 때도 있다. 그러면서도 사람들은 대화가 어색하게 되면 자기 잘못은 생각하지 않고 상대방의 대화가 서툴고, 인간관계 기술이 시원찮다고 비난하기도 한다. 이런 것은 모두 대화의 원리를 잘 몰라서 일어난 일이다.

따라서 대화를 잘하고 싶으면, 우선 상대 말을 잘 들을 수 있어야 한다. 그리고 말하는 사람은 듣는 사람의 마음이 편하도록 도와주어야 한다. 그러기 위해서는 대화 장애물들을 버리고 무엇보

말이 삶을 바꾼다

다 먼저 '듣기'를 잘해야 한다.

그런데 안타까운 사실은 사람들이 이 원리나 방법을 무시하거나 지키지 않는다는 점이다. 혹 실천하더라도 방법을 거꾸로 하는 경우가 많다. 상대 말을 듣기보다는 내가 말을 먼저 시작하고, 그것도 많이 한다는 것이다. 그러다 보니 대화가 아니라 일방적으로 전해지는 조언이나 훈화, 정보 제공에 머무는 경우가 많다.

상대 말을 잘 들어준다고 하는 사람들도 대화하는 모습을 보면 처음에는 조금 들어주는 것 같다가도 시간이 지나면 금세 자기 말만 늘어놓는 경우가 많다. 이렇게 일방적으로 자기 말만 해놓고는 스스로 상대와 대화를 잘했다고 생각한다. 그래서 사람 중에는 말이 많은 사람과 대화하는 것을 싫어하는 사람도 많다.

그래서 우리가 대화할 때는 내 말을 많이 하는 것보다 될 수 있으면 상대 말에 귀를 기울이고 잘 들어주는 자세가 필요하다. 대화 시작은 '듣는 것'으로부터 시작된다는 점을 꼭 기억하면 좋겠다. 나아가 듣는 것도 나름 요령이 있다는 것도 알면 좋겠다.

02

대화의 진행 '관심갖기', '기다려주기'

앞에서 언급했던 것처럼 대화의 시작은 '듣기'에서 비롯된다고
했다. 이런 원리를 알고 있다 하더라도 막상 대화에 적용하려면
쉽지 않을 수 있다. '듣기' 방법을 모르기도 하거니와 '듣기'를 하겠
다고 마음먹어도 깜빡 잊거나 놓쳐서 반대로 하는 경우도 많기 때
문이다. 그래서 여기에서 '듣기 방법'을 설명하려고 한다.

일반적으로 '듣기'라 하면 가만히 듣고 있으면 된다고 생각하기
쉽다. 하지만 대화에 적용하다 보면 단순한 것에서부터 고민하게
된다. 어느 지점까지 들어야 하는지, 그리고 내 생각은 어느 지점
에서 말해야 하는지, 또한 그 순간 포착은 어떻게 해야 하는지 몰
라 어렵게 느껴지기 때문이다.

사소하지만 '듣기' 방법을 모르면 상대가 말하는 동안 아무 데서
나 끼어들어 남의 말을 방해하기도 하고, 또 어떤 경우, 화제의 방
향과 다른 이야기를 꺼내놓기도 한다. 그래서 대화 분위기를 망쳐
놓기도 한다.

따라서 대화를 잘하기 위해서는 듣는 것도 어느 정도 훈련이 필
요하다. 훈련 초기에는 사람을 만날 때부터 '남의 말을 잘 듣겠다'

라는 다짐을 하는 것이 좋다. 이런 다짐을 하더라도 대화하다 보면 어느 사이 내가 말하고 있는 것을 발견하는 경우가 많다.

1. 관심갖기

'듣기'를 실천하기 위해서는 우선 화자에게 '관심갖기'를 하는 것이 좋다. 상대가 말을 시작하면 나의 몸과 마음, 시선을 상대에게로 향하고 상대 말을 듣겠다는 태도를 갖추는 것이다. 만일 무슨 일을 하는 중에 있다면, 그것을 멈추고 시선과 귀를 화자, 즉 상대에게로 향하는 것이다. 말하는 사람에게 '제가 듣겠습니다.'라는 태도를 분명하게 보이는 것이다.

사람들이 대화하는 모습을 보면 이 단순한 태도를 소홀히 하면서 대화가 제대로 진행되지 못하는 경우가 있다. 예를 들어 상대가 말을 시작하는데도 자기 하던 일을 계속하면서 "그래, 말해봐." 라고 한다든지, 아니면 자기는 핸드폰을 즐기면서 "다 알고 있으니까 말해봐."라고 하는 태도들이다. 그러면 상대는 "내 말을 좀 들어보라고!"라는 반응을 보이거나, 상대의 관심을 얻으려고 더 큰 소리로 말하거나 짜증을 내기도 한다. 심한 경우 아주 노골적으로 화를 내기도 한다. 모두 대화하지 말자고 보내는 신호와 같다. 이는 '관심갖기'를 실천하지 않아서 벌어진 일이다.

내가 일하고 있을 때, 그러니까 책을 보거나, 청소하고 있을 때, 아니면 보고서를 작성하거나 TV나 신문을 보고 있을 때 말을 걸어오면 마지못해 "응, 다 듣고 있으니까 말해봐."라는 어정쩡한 태도를 하지 말고, 말하는 사람 쪽으로 몸과 시선을 보내고 들으려는 자세를 하는 것이 좋다. 만일 어설픈 태도를 하려면 오히려 대화하지 않는 것이 좋다. 이런 태도는 상대에게 대화하지 말자고 거부하는 반응과 같기 때문이다.

따라서 상대가 말을 시작하면 나는 '관심갖기'를 실천해야 한다. 만일 '관심갖기'를 실천하기 어려운 경우에는 "내가 지금 당장 이 일을 해야 하는구나. 일하면서 들어도 되겠니?", 아니면 "잠시만! 지금 이 일이 급하구나. 얼른 마칠게. 그러면 말해줄래?"처럼 상대에게 양해를 구해야 한다. 사소한 것 같지만 '관심갖기'가 대화에서 꼭 필요한 좋은 기술임을 잊어서는 안 된다.

말이 삶을 바꾼다

2. 기다려주기

두 번째 듣기 방법은 '기다려주기'이다. 이는 상대가 말하기 시작하면 충분히 말할 수 있도록 아무런 말을 하지 않고, 그냥 침묵하면서 기다려주는 것이다. 이런 말을 하면 "말하지 않고 기다리는 것이 무슨 대화냐?"라고 반문할는지 모르겠다. 하지만 침묵은 대화의 또 다른 중요한 기술 가운데 하나이다. 화자가 말하고 있는 동안 청자가 끼어들지 않고 침묵하면 화자는 편안함을 느끼고, 자기감정이나 생각을 충분히 풀어놓을 수 있다. 그렇지 않고 청자가 도중에 끼어들면 대화가 다른 방향으로 흘러가게 되든지, 아니면 화자가 처음 가졌던 자기 생각을 충분히 표현하지 못하고 만다. 만일 청자가 화자의 말에 개입하고 싶으면 화자의 말이 일단락된 다음에 하는 것이 좋다.

예를 들어 어느 날 친구가 "있잖아, 내 친구 현이라는 남자 친구하고 밤늦게까지 데이트한대."라는 말을 한다. 그러면 청자는 화자가 말을 계속할 수 있도록 조용히 기다려주어야 한다. 만일 기다려주지 못하고 "지난번 사귀던 그 친구와는 헤어지고 새로 만났어?" 한다든지, "그 녀석은 이성 친구를 잘 바꾸기도 하네. 무슨 기술이 그렇게 좋을까?", 아니면 "그렇게 난잡하게 교제한다니?"라는 형태로 개입하면 대화가 친구의 윤리적인 부분으로 나아가 처음 화자의 의도와 다른 방향으로 가기 쉽다. 그래서 화자가 말을 시작하면 '관심갖기'를 하고, 그런 다음은 충분히 말할 수 있도록

'기다려주기'를 실천하는 것이 좋다.

　이런 대화 기술을 사용하면 화자는 '내 이야기를 들어주는 사람이 있구나.'라고 생각한다. 그러면 편안한 가운데 자기 생각을 충분히 말하게 된다. 만일 화자가 흥분해 있거나 심리적으로 불편한 상황인 경우 '기다려주기'는 더 효과적이다. 화자는 내면의 불편한 이야기를 쏟아냄으로써 흥분된 감정을 가라앉힐 수 있고, 또한 자기 불편한 감정을 스스로 알아서 잘 정리할 기회를 얻게 된다.

　또한 '기다려주기'는 화자가 긍정적으로 생각하도록 도와준다. 화자에게 무슨 일이 생기면 언제든지 말할 수 있는 상대가 있다는 것을 알게 되어 안정감은 물론 긍정적인 생각을 하게 된다. 그래서 무슨 일이 생기면 내게 와서 말하게 된다. 그러면 대화가 대화로서 좋은 기능을 하게 되고 또한 좋은 관계를 만들어갈 수 있다.

　사람들이 살아가면서 어려움을 느끼는 경우는 대부분 고독, 외로움, 지지자가 없어서, 누군가로부터 '인정받지 못하고 있다.'라는 감정에서 시작된 경우가 태반이다. 이런 일은 대부분 자기 말을 들어주는 사람이 없고, 의지할 곳이 없어서 그런다. 우리는 내 주변의 사람들과 대화를 나눌 때, 누군가 말을 시작하면 '듣기'를 실천하고, '관심갖기'를 실행하고 '기다려주기'를 해야 한다는 사실을 꼭 기억하면 좋겠다.

대화의 마음 '수용하기'

대화를 잘하기 위해서는 사소한 것 같지만, 여기에서 소개하고 있는 대화 기술들을 가볍게 여겨서는 안 된다. 즉 '듣기', '관심갖기', '기다려주기' 등을 활용하면 대화의 수준이 상당히 달라지기 때문이다. 여기에 한 걸음 더 나아가 '수용하기' 대화 기술을 사용하면 한층 더 요긴한 대화를 할 수 있다.

'수용하기'는 화자의 말과 행동을 전적으로 인정하고 받아들이는 것을 말한다. 상대방 행동의 옳고 그름을 떠나, 그 전체를 전적으로 받아들이는 것이다. 내 생각과 다른 남의 말이나 행동, 처지 등을 수용하는 일은 상당히 어렵다.

사람들은 저마다 각자 다 자기 기준이나 가치, 철학 등이 있어서 나와 다른 이야기를 하면 당장 불편을 느낀다. 그리고 나의 잘못이나 오류 등은 잘 모르지만 다른 사람의 비논리성, 혹은 옳고 그름은 매우 잘 찾아낸다. 그리고 남의 말이나 행동을 보면 부족하고 어설픈 점을 현명하게 잘 알아낸다. 그러면 얼른 그것들을 고쳐주고, 바르게 실천할 것을 권하고 싶어진다. 그래서 이 기술을 적용하는 일이 쉽지 않다는 말이다.

예를 들어 어느 날 친구가 다른 친한 친구에게 사기(詐欺)를 했다고 한다. 그러면 여러분은 어떤 반응을 보이겠는가? 아래 여백에 연습 삼아 적어보기를 바란다.

_____

만일 적기가 번거로우면 다음 보기를 참조해 선택이라도 한번 해보자.

① 친구끼리 어찌 그런 일을?
② 그거 못된 행동인데…….
③ 너 참 못된 사람이구나.
④ 나쁜 일인데, 어찌 그럴 수 있어?
⑤ 그런 짓은 안 되지.

선택하셨는지? 여기에 고를 만한 보기가 없다면 별도로 자기 생각을 써봐도 좋겠다. 이런 상황에서 "잘했네."라고 거들 사람은 별로 없을 것이다. 당장 개입하고 싶은 욕구를 느껴 윤리나 도덕적인 면에서 부당함을 들어 설명할 수도 있다. 그러면 대화는 훈계나 조언으로 흐르기 쉽다. 앞에서 다룬 것처럼 이런 말은 대화의 장애물이라 좋은 대화를 할 수 없게 만들기 때문이다.

따라서 이런 일의 경위를 알고 싶으면 장애물 대신 '수용하기' 기

말이 삶을 바꾼다

술을 사용하는 것이 좋다. 화자의 말이나 행동을 평가나 조언 없이 사기(詐欺) 자체를 그대로 인정하고 수용하는 것이다. 그러면 대화가 윤리나 도덕으로 옮겨가거나 훈계로 흐르지 않게 된다.

이렇게 말하면 "부당한 일을 두고 어떻게 그렇게 말할 수 있어요?"라고 항변할는지 모르겠다. 그래서 '수용하기' 기술이 어렵다고 했다. 이를 인정하고 적용하려면 전문 상담가들의 상담 기법을 참조하면 도움이 된다.

상담가들은 내담자의 말과 행동, 태도, 등 여러 면에서 거의 100% 수용하려고 한다. 이들은 내담자의 말이나 행동을 이성이나 논리적으로 따지지 않고 조건이나 이유 없이 수용하면서 대화를 이끌어간다. 사회 통념으로 봤을 때 분명히 어긋난 일이라 하더라도 윤리나 도덕, 자기 가치관은 잠시 접어두고 수용한다. 그러면 놀라운 일이 벌어진다. 내담자들은 도저히 대화할 수 없는 상황에서, 혹은 결코 쉽게 말할 수 없다고 생각된 일을 술술 말하기 시작한다.

이때 상담자의 태도는 다른 말을 하지 않고, 내담자의 감정이나 태도를 그저 수용할 뿐이다. 그런데도 내담자는 지극히 비밀스러운 말까지 꺼내놓는다. 게다가 내담자는 자기가 스스로 풀기 어려운 문제라고 하는 난제들을 말하는 가운데 스스로 정의하고, 풀어내기도 한다. 상담가는 다른 말을 하지 않고 수용하기만 하는데, 내담자가 가지고 있던 문제가 저절로 풀어지는 놀라운 일이 벌어지기도 한다. 모두 '수용하기'의 위력이자 효과라 할 수 있다.

따라서 우리도 대화할 때, 상담사처럼 온전히 수용하기 어렵다 하더라도 마음으로는 이런 생각을 갖고 접근하는 것이 필요하다. 우선 화자의 삶과 행동, 언어를 일단 무조건 받아들이는 것이다. 이때 '수용하기'는 상대의 잘못을 부추기고 방관하라는 말이 아니다. 본서에서 안내하고 제시하고 있는 방법으로 수용하고 응대하라는 말이다.

예를 들어, 내 자녀가 다른 아이를 괴롭혔다고 한다. 그러면 부모들은 아이의 말이 끝나기도 전에 "사람이 그러면 된다니? 남을 괴롭히는 일은 나쁜 행동이야."라는 말로 반응하기 쉽다. 우리가 배워서 아는 것처럼, 이런 말은 대화의 장애물이다. 대화가 장애물을 만나면 잘 진행될 리 없다. 설령 진행되더라도 대개 훈화나 훈계 수준에서 끝나기 쉽다. 그러면 자녀는 부모로부터 자기 행동

말이 삶을 바꾼다

의 부당함을 지적받았기 때문에 대화를 대충 얼버무려 말하지 않게 된다.

또 이런 상황을 생각해보자. 자녀가 어느 날 남의 물건을 가져왔다고 한다. 그러면 대부분 "야, 남의 물건을 함부로 가져오면 된다니?"라는 반응을 보이기 쉽다. 그런데 이런 반응은 대화의 진행을 가로막는 말이라 대화가 당장 중단되고 만다. 대화를 계속 진행하려면 자녀의 말이나 행동을 그대로 인정하고 받아들여야 한다. "그래, 그 물건 갖고 싶었니?" 혹은 "그 물건이 필요했나 보구나."처럼 말하는 것이다. 혹은 "그런 일이 있었구나. 처음 어떻게 그런 일이 시작되었는지 듣고 싶구나."처럼 말하면 좋다.

그러면 아이는 편안함을 느껴서 자기가 하고 싶은 말을 계속하게 된다. 대화를 더 나누고 싶으면 "그 물건을 어떻게 가져오게 되었는지 듣고 싶구나."라고 하면 아이는 책임을 추궁하는 말이 아니라 설명하게 될 것이다. 사람은 누구나 자기 잘잘못을 떠나 자기 말을 수용해주면 편안함을 느끼고 말하고 싶어 하지만, 지적하고 가르치려는 사람과는 말하고 싶지 않다.

만일 자녀의 옳지 못한 행동을 바로잡아주고 싶거나 충고하고 싶다면 아이의 행동이나 말을 전적으로 수용한 다음, 형편과 상황, 그리고 그런 이유나 마음 상태 등 그와 관련된 여러 사연을 충분히 들어본 다음, 하는 것이 좋다. 그렇지 않고 처음부터, 혹은 자녀가 말하는 중간에 끼어들어 가르침을 늘어놓으면 대화는 금방 중단되고 만다.

만일 상대 행동이나 말을 수용하지 않고 충고나 조언을 길게 늘어놓으면 아이들은 거짓말을 하거나 말수를 줄이기 시작한다. 그러다가 나중에 어려운 일이 생기면 부모에게 상의하지 않고, 자기 처지를 잘 이해해주고 알아주는 친구에게 가지고 간다. 반대로 부모들이 수용적인 태도를 보이는 가정의 자녀들은 자기 잘못이나 실수 등 더 어려운 일들도 부모에게 잘 드러내놓는다. 그러면 자녀와 대화가 저절로 잘되고 늘어나게 된다.

대화할 때, '수용하기'를 하느냐, 않으냐에 따라 둘 사이의 관계나 대화 상황은 전혀 달라진다. 따라서 '수용하기'는 다른 사람과 대화를 잘하게 만드는, 혹은 지속하게 만들어주는 좋은 대화 기술이라 하겠다.

04

대화의 윤활유 '추임새', '도랑치기'

1. 추임새

앞에서 다룬 대화 기술, '듣기', '관심갖기', '기다려주기', '수용하기'에 이어서 대화가 잘 진행하도록 돕는 기술로는 '추임새'가 있다. 이를 사람에 따라 '긍정의 반응'이라고도 한다.

'추임새'는 우리 판소리에서 사용하는 용어로, 창자가 노래하면 곁에서 고수(鼓手)가 더 잘할 수 있도록 흥을 돋워주는 말을 이른다. 고수가 창자의 노래에 맞춰 북을 치면서 하는, "얼쑤!", "허이!", "좋다!" 같은 말이다.

마찬가지로 대화할 때도 이런 추임새가 필요하다. 그래서 이 용어를 그대로 사용하기로 한다. 상대가 말을 하면 듣고 있다가 화자가 말을 더 잘할 수 있도록 돕는 언어적, 행동적 반응을 말한다.

"그렇구나."

"그런 일이 있었구나."

"참 좋은 생각이구나."

"저런, 그랬구나."

"흠……."

"그랬겠구나."

"좋았겠다." 등과 같은 말들이다.

상대가 말하는 가운데 이런 '추임새'로 적절하게 부추기면 화자는 힘을 얻어 말을 더 잘하게 된다. 대화 진행 양상을 보면 이 '추임새'에 따라 대화의 양이나 길이가 결정되는 것을 알 수 있다. 상대가 말하면 그냥 무심코 듣고 있을 것이 아니라, 대화 내용과 진행 상황에 맞춰 "그랬겠다.", "좋았겠다." "저런" 등과 같은 '추임새'를 사용하는 것이 좋다.

2. 도랑치기

다음으로 대화를 잘할 수 있는 또 다른 도구로 '도랑치기'를 들 수 있다. 도랑은 매우 좁고 작은 개울을 말한다. 개울에 아무것도 없으면 물이 잘 흐르지만, 중간에 막대기나 돌 같은 장애물이 놓여 있으면 물이 막혀 잘 흐르지 못한다. 이때 돌이나 막대기를 치워주는 것을 '도랑치기'라 한다. 우리 속담 "도랑 치고 가재 잡는다."에도 나온다.

말이 삶을 바꾼다

마찬가지로 대화할 때도 대화가 이어지지 못하고 끊어지거나, 머뭇거리거나, 방향을 잡지 못한 경우, 대화를 가로막는 장애물을 치워주는 것이다. 그러니까 말이 잘 진행되도록 도와주는 기술이라 하겠다. 이것을 어떤 이들은 '말문 열기'라고 한다. 하지만 필자는 여기에서 '도랑치기'라고 명명한다.

'도랑치기'의 구체적인 예들을 보기로 한다. 화자가 말하기 시작하면 듣고 있다가, 궁금한 사항이나 물어볼 내용이 있으면 이렇게 말하는 것이다.

"그 말에 대해 좀 더 자세히 말해주면 좋겠다."
"그 이야기는 더 듣고 싶구나."
"어떻게 그런 생각을 하게 되었는지 듣고 싶어."
"그래서 어떻게 되었니?"

"그 일이 궁금한데?"

"그때 기분이 어땠어?"

청자가 '도랑치기'로 반응하면 화자는 거기에 따라 더 자세한 이야기를 하게 된다. 앞에서 예로 들었던 친구의 사기(詐欺) 친 이야기를 내용으로 '도랑치기' 기술을 적용해보자.

친구가 사기를 쳤다고 하면 '도랑치기'는 "어떻게 그런 생각을 하게 되었는지 듣고 싶구나.", 아니면 "어떻게 해서 그런 일을 하게 되었는지 궁금해."처럼 말하는 것이다. 이렇게 '도랑치기'를 하면 화자는 편안한 가운데 그렇게 된 사정을 말하고, 청자는 그 일의 경위를 들을 수 있어 더 많은 대화를 할 수 있다.

'도랑치기'가 매일 아침 가정에서 벌어지는 상황에서 적용되는 모습을 살펴보자. 아침에 아이가 학교에 가지 않겠다고 투정을 부린다. 그러면 대부분 "왜 그래? 무슨 일 있어?", "왜 안 가?"라는 형태의 반응을 보이기 쉽다. 하지만 이런 반응은 아이에게 따지고, 조사하고, 추궁하는 말로 그 책임을 아이에게 전가하고 있는 말이다. 모두 자녀가 말을 하지 못하도록 가로막는 장애물이다. 그러면 자녀는 마음이 불편해 말을 머뭇거리게 된다. 그러면 부모는 부모대로 자녀의 마음을 얻지 못해 불편하게 되고, 또한 자녀는 이해받지 못해 모두 불편한 상황이 되고 만다.

이런 상황에서 '도랑치기'를 하면 "무슨 일로 학교에 가기 싫은지 듣고 싶어." 혹은 "언제부터 그런 마음이 들었어?", "네가 이런 태

말이 삶을 바꾼다

도를 보인 이유를 알고 싶구나."처럼 된다. 그러면 아이는 자기 불편한 마음을 말하게 된다. 설령 말하지 않더라도 야단할 것이 아니라 그냥 침묵으로 조금 기다려주거나, 엄마가 지금 서둘러 나가야 하는 이유를 설명하면 된다.

또 이런 경우도 '도랑치기'를 적용해볼 수 있다. 자녀가 학교에서 이제 막 집에 돌아왔다. 아이에게 말을 걸려고 한다. 대부분 부모는 "오늘 학교에서 뭐 했니?", "학교에서 무슨 일 있었니?"처럼 탐문하는 말로 시작하기 쉽다. 앞에서 우리가 다뤘던 것처럼 이렇게 추궁하는 말은 대화를 편안하게 해주지 못한다. 더구나 아이들은 학교에서 공부를 열심히 하고 와야 한다는 부모 의중을 잘 알고 있다. 그러니, 만일 공부와 상관없는 일을 말해야 할 경우 말을 꺼리게 된다. 아니면 "그냥 뭐 그것이 그것이에요."와 같은 차가운 반응을 보이기 쉽다. 그래서 이런 형태의 대화는 좋은 대화라 할 수 없다. 따라서 편안한 대화를 하려면 탐문보다는 '도랑치기', 즉 "오늘 학교에서 있었던 일을 듣고 싶구나.", "오늘 학교에서 무슨 일이 있었는지 듣고 싶어."처럼 말하는 것이 좋다.

이런 형태의 대화는 부모에게 추궁받지 않아서 좋고, 부모가 대화하자고 제안하는 것과 같은 안정감을 준다. 그래서 아이는 마음이 편안한 상태가 되어 말을 잘하게 된다.

또 이런 경우를 보자. 학교에서 수업을 마치고 온 아이가 다음과 같이 말했다고 가정하자.

"우리 반 미혜가 미워요."

"우리 담임 선생님이 싫어요."

"숙제를 못 하겠어요."

이런 말을 들으면 부모들은 당장 "친구가 왜 미워?"라는 형태의 탐문으로 말을 시작하기 쉽다. 그렇지 않으면 "친구를 미워하면 되니?", "선생님을 미워하면 어떻게 해?"처럼 훈계하는 말을 하기 쉽다. 얼른 생각하면 이렇게 말을 걸면 자녀들이 마음을 열고 그 상황을 쉽게 말해줄 것 같다. 그런데 상황은 반대로 아이들이 말을 가려서 하거나, 대충 얼버무리면서 대화를 꺼리게 된다. 어떤 아이들은 아예 말문을 닫아버리기도 한다. 그 때문에 이런 경우에도 '도랑치기'를 하는 것이 좋다.

자녀가 미혜가 미워졌다고 하면 "무슨 일로 미혜가 미워졌는지 말해주면 좋겠구나."처럼 말하는 것이다. 또 자녀가 선생님이 싫어졌다고 하면 "선생님이 싫어진 이유를 듣고 싶구나."처럼 말하는 것이 좋다. 그러면 자녀는 마음에서 안정감을 얻어 대화를 부담 없이 편안한 가운데 하게 된다.

'도랑치기'에는 이런 장점도 있다. 자녀의 내면에 남아 있는 불편한 감정이나 원인을 자녀 스스로 풀어낼 수 있도록 도와준다. "네가 그렇게 생각한 배경을 더 자세히 말해주면 좋겠구나.", "네가 한 그 말에 대해 더 구체적으로 듣고 싶어."처럼 '도랑치기'를 하면 아이는 편안한 가운데 자기 사정을 말하게 된다.

말이 삶을 바꾼다

이런 과정을 통해 아이는 언제부터 그런 마음이 들었는지, 그때 어떤 기분이 들었는지, 그 원인이 무엇인지를 말하게 된다. 그것은 마치 바둑에서 경기를 마친 다음 복기하면서 잘잘못을 가려보는 것처럼 아이는 자기의 이야기를 통해 자기가 지닌 문제를 스스로 파악하기도 하고 그 해결 방법 또한 스스로 찾아가기도 한다.

여기에서 배운 '관심갖기', '기다려주기', '수용하기', '도랑치기' 등을 잘 사용하면 대화의 내용이나 양에서 상당한 효과를 볼 수 있다. 혹 좋은 결과를 얻지 못하더라도 실망할 필요는 없다. 이 책 마지막까지 잘 읽고 훈련하고 나면 상당한 수준의 대화를 할 수 있을 뿐만 아니라 대화에서 상당한 자신감을 얻게 될 것이다.

05

대화의 으뜸 '공감하기'

여기까지 대화 기술을 배웠다면 여러분의 대화 기술은 상당한 수준에 이르렀다고 할 수 있다. 대화가 시작되면 '관심갖기'를 하고, 조용히 들으면서 '수용'하고, '추임새'와 '도랑치기'를 하면 대화가 순조롭게 잘 진행될 수 있다. 상대가 이야기하는 중에 함부로 끼어들거나 이야기가 흐르지 못하도록 장애물을 가져다놓는 일도 상당히 줄어들 것이다. 그리고 이런 대화 기술을 모르는 사람들의 대화 모습을 보면 어느 부분이 잘못되었는지 짐작이나 평가도 할 수 있을 것이다.

이제 대화가 안정되고 편안한 가운데 진행되면 더 나아가 서로 마음을 열고 편안함을 느낄 수 있는 대화의 으뜸 기술을 사용할 수 있어야 한다. 바로 '공감하기'다. 이 기술은 칼로 말하면 매우 잘 갈린 칼과 같다. 잘 갈린 칼은 요리하는 데 힘이 덜 들고, 또 무슨 재료를 다듬거나 자르는 데 매우 유용하다. 마찬가지로 '공감하기'를 사용하면 마음이 잘 통하는, 매우 좋은 대화를 할 수 있다.

'공감하기'는 말하는 사람의 처지나 감정 상태를 듣는 사람이 전적으로 인정하고 동조해주는 기술을 말한다. 이것을 칼 로저스는 "상담자가 내담자의 내적 준거 체계를 이해하는 것"이라고 했다. 이 기술은 대화를 편하게 이끌어줄 뿐만 아니라 화자가 자기 마음을 열 수 있도록 적극 도와준다.

우리는 대화하는 중에 종종 대화가 불편해지거나 어색한 상황을 경험하게 되는데, 그 원인을 보면 화자의 감정에 청자가 '공감하기' 기술을 사용하지 않아서 벌어진 경우가 대부분이다.

사람은 대부분 자기감정을 상대가 알아주기를 원한다. 이때 '공감하기'를 하면 같은 동류의식을 느껴, 같은 생각을 가진 사람임을 인식하고 편안하게 말하게 된다.

그런데 대화 중에 내 감정을 알아주지 않거나, 동의해주지 않으면 분위기가 당장 어색하게 되고 만다. 이유는 내 감정을 인정해주지 않거나, 제동 걸고 있기 때문이다. 심지어 어떤 사람은 공감 대신 비난하거나 혹은 전혀 다른 방법을 제안하기도 하고, 훈계를 늘어놓기도 한다. 그러다 보니 대화가 불편해지고 지속되지 못하고 중단되고 만다.

우리 주변에서 흔하게 볼 수 있는 예를 살펴보자. 대화 중 재미있는 일 가운데는 남 흉보는 일이 있다. 이 행위가 옳으냐 그르냐를 떠나 대화가 진행되는 양상만 살펴보도록 한다. 친구끼리 모여서 친구 흉을 보고 있는데, 한 친구가 그것은 친구로서 좋지 못한 일이라며 훈계하면 대화가 이어지지 못하고 곧 중단되고 만다. 대화가 지속되려면 잘잘못을 떠나 윤리나 도덕으로 따지지 말고 서로 공통된 감정을 공유하면서 함께 말하면 된다. 그렇지 않으면 별로 좋은 일이 아닌 데다가 공감하지 않는 사람으로 인해 대화가 당장 멈추고 만다. 서로 공감하지 않기 때문이다.

대화가 어색하게 되는 것은 사람들이 '공감하기'라는 대화 기술을 잘 모를 뿐만 아니라 혹 들어서 알고 있더라도 몸에 익숙하지 않아 사용하지 않고 내버려두기 때문이다. 그렇지 않으면 부지불식간에 대화 장애물을 가져다놓은 경우가 많아서 그런다. 그래서 여기에서 '공감하기'를 좀 자세히 설명하려고 한다. 조금 더 관심을 두고 잘 익혀서, 이를 대화할 때 잘 활용하면 좋겠다.

'공감하기'는 상대 마음을 잘 알아주는 대화 기술로 대화에서 으뜸, 대화의 꽃이라 할 수 있다. 만약 화자의 감정이 불편한 상태에 있다면 더없이 좋은 대화 방법이라 하겠다.

'공감하기'를 잘하려면 먼저 말하는 사람의 감정을 알아내는 것이 중요하다. 지금 화자의 감정을 알아내면 그 감정을 인정하고 동의해주면 되기 때문이다.

'공감하기'가 잘되지 않은 경우를 보면 대부분 지금 말하고 있는 상대 마음을 알려고 하지 않거나, 이를 가볍게 여기고 적용하지 않기 때문이다. 그러다 보니 청자가 화자의 감정과는 거리가 먼 다른 방향의 말을 하거나 몰라줌으로써 대화가 어색하게 되곤 한다.

상대 감정 파악이 어려운 이유는 우선 사람들이 자기감정을 잘 드러내지 않기 때문이다. 자기 마음 상태를, 혹은 불편한 감정을 드러내지 않고 그것을 언어 이면(裏面)에 감춰두고 말하기도 한다. 어떤 경우에는 아예 알 수 없는 암호로 표현하기도 한다. 이런 현상은 불편한 감정이 많으면 많을수록 더욱 그러는 경향이 있다.

다음 상황을 살펴보자. 어느 날 집에 들어온 자녀가 "엄마, 아이 씨, 민호하고 못 놀겠어."라고 한다. 부모가 이런 말을 들으면 아이의 기분이 나쁘다는 것쯤은 알겠는데, 그 원인이나 감정 상태 등을 구체적으로 알기 어렵다.

그러면 아이는 어떤 감정이 들어 이런 말을 하게 되었는지 유추해보자. 아이가 밖에서 놀다가 민호와 무슨 일이 있었던 모양이다. 민호가 내 생각만큼 놀지 못해서 기분이 나쁘다는 말인지, 아니면 아이의 수준이 너무 낮아서 속상하다는 말인지, 혹은 나를 무시해서 기분이 나쁘다는 말인지, 아니면 민호가 다른 친구들과만 어울려 놀면서 나를 따돌림을 시켜서 기분이 나쁘다는 말인지, 아니면 엄마가 이 일을 해결해달라는 말인지, 그 내면의 의도, 즉 감정 상태를 알아내는 것이 쉽지 않다. 그 때문에 다른 사람의 감정을 읽고 공감하는 일이 어렵게 느껴진다.

그래서 '공감하기'를 잘하기 위해서는 먼저 상대 말을 듣고 그 속에 담긴 감정을 알아내는 일이 중요하다. 이런 일을 본능적으로 잘하는 사람이 있기도 하지만 대부분 어렵게 느낀다. 또한 여기에서 다루고 있는 대화법 같은 기술에 관심을 두지 않거나 그리고 상대 감정 찾는 노력을 하지 않아서 어려움을 겪는다. 이제 우리는 이런 대화법에 관심 갖고 알아가고 있다. 관심 있게 살피고 배워서 적극 활용하면 좋겠다. 실습을 위해 아래 말을 보면서 화자는 어떤 감정을 느껴 이런 말을 했는지 말해보면 좋겠다.

① 축제 때 시 낭송하기로 했는데 잘할 수 있을지 모르겠어요.
② 우리 선생님은 나만 미워하는 것 같아요.
③ 이렇게 많은 보고서를 작성하라고 하다니.
④ 저 친구는 못 하는 것이 없다니까.

각 번호에 나타난 감정을 아래에 써보자.

①	②
③	④

알아낸 감정을 차례대로 말해보자. 1번 감정은 '두려움'이나 '염려', 2번은 '속상함', '화남', '질투' 등이다. 3번은 '짜증', '원망', 4번은 '부러움'이다.

이런 연습을 통해 상대 감정을 알아냈으면 '공감하기'는 쉽게 할 수 있다. 그 감정을 그대로 표현해주면 되기 때문이다. 만일 상대 감정을 조금 다르게 읽어 말하더라도 크게 염려할 것 없다. 상대 감정을 읽어내고 인정해주려는 마음가짐만 있으면 감정을 오독(惡讀)하더라도 화자가 그 감정을 수정해주기 때문에 정정할 수 있다. 중요한 것은 대화에서 '공감하기'를 하려는 청자의 의지다.

상대 감정을 읽어냈으면 이번에는 말로 표현하는 방법을 알아두면 좋다. 방법은 감정의 '원인'을 먼저 말하고, 이어서 읽어낸 '감정'을 말하면 된다. 위의 사례를 표현해보면 다음과 같다.

"시 낭송이 (원인)	상당히 염려되나 보구나." (감정)
"선생님이 너만 미워하는 것 같아 (원인)	속상한가 보다." (감정)
"많은 보고서를 작성해야 해서 (원인)	짜증 나겠구나." (감정)
"친구 재능이 (원인)	부럽나 보구나." (감정)

이렇게 상대 감정을 알고 반응해주면 화자는 마음에 편함을 느껴 계속 말하게 된다. 누구든지 이런 반응을 보인 사람과는 마음을 열고 대화하고 싶어진다. 만일 그렇지 않고 화자의 감정과 다르게 말하면 어떤 느낌이 들까? 아래 예문을 보면서 스스로 느껴보면 좋을 것 같다.

"축제 때 시 낭송을 하기로 했는데 잘할 수 있을지 모르겠어요."
"누구나 다 하는데 뭘 그렇게 신경을 써요?"
(느낌) ?

"우리 선생님은 나만 미워하는 것 같아요."
"네가 미운 짓을 하니 그렇지."
(느낌) ?

"이렇게 많은 보고서를 작성하라고 하다니."
"학생이라면 그 정도는 해야지."
(느낌) ?

"저 친구는 못 하는 것이 없다니까."
"너도 그렇게 하면 되지, 뭘 그런 걸 가지고."
(느낌) ?

말이 삶을 바꾼다

직접 들어보니 어떤 느낌이 드는가? 이렇게 반응한 사람과 대화하고 싶을까? 당장 불편한 마음이 들 것이다. 그러니 우리는 우리 대화가 어떻게 진행되어야 하는지 이제 알 수 있게 되었다. 좋은 대화를 하려면 화자의 말을 듣고 그 감정을 그대로 읽어주는 것이 매우 중요하다.

이제 우리가 다룬 '공감하기' 기술을 적용한 대화를 살펴보자. 느낌이 어떻게 달라지는지 경험해보면 좋겠다.

자녀: 엄마, 이번 학예회에 내가 시를 낭송하기로 했어요. 잘할 수 있을지 모르겠어요.
엄마: 시 낭송하는데, 잘못할까 봐 걱정(염려)되는구나?
자녀: 네, 그래요. 걱정이 많이 돼요.

자녀: 우리 선생님은 나만 미워하시는 것 같아요.
엄마: 선생님이 너만 미워하는 것 같아 속상하구나.
자녀: 네, 엄청 속상해요.

자녀: 엄마는 컴퓨터를 1시간만 하라고 해요.
아빠: 컴퓨터를 1시간만 하라고 해서 짜증 나나 보구나.
자녀: 네, 짜증 나요. 민영이네는 마음대로 하라고 하는데.

자녀: 엄마, 민혁이는 돈을 많이 가지고 다녀요.

교사: 민혁이 돈을 많이 가지고 다녀서 부럽구나.

자녀: 네, 나도 돈이 많으면 좋겠어요.

여기까지 우리 일상의 대화 방법과 '공감하기' 기술을 적용한 대화를 비교해봤다. '공감하기'는 대화가 편안하고 안정되게 진행되도록 도와준다. 이런 방법을 사람에 따라서는 '미러링' 혹은 '적극적 경청'이라고도 한다. 이 방법은 나이나 성별에 상관없이 매우 효과적이다. 누구나 이런 대화법을 적용하면 편하고 좋은 대화를 할 수 있다.

다음과 같은 상황에서도 어떻게 적용할 수 있는지, 연습과 노력을 기울여보자.

① "이번 기말고사에서도 성적이 떨어지면 어쩌지?"

→ (감정:)

② "좋은 직장을 얻어야 하는데……."

→ (감정:)

③ "관심 있는 이성 친구가 생겼어."

→ (감정:)

말이 삶을 바꾼다

감정을 알아냈으면 이제 원인과 감정을 연결 지어 말하면 된다.

① "이번 기말고사에서도 성적이 떨어지면 어쩌지?"
→ "성적이 떨어질까 봐(원인) 염려되는구나?(감정)"

② "좋은 직장을 얻어야 하는데……."
→ "좋은 직장을 얻고 싶은데(원인) 걱정되는구나?(감정)"

③ "관심 있는 이성 친구가 생겼어."
→ "그런 일이 있다니(원인) 기분 좋겠다.(감정)"

이런 반응을 하면 두말할 것도 없이 좋은 대화를 할 수 있다. 이렇게 말하지 않고 만일 상대가 이런 반응을 보인다면 대화는 어떻게 될까?

① 대화 1
나: 이번 기말고사에서도 성적이 떨어지면 어쩌지?
친구: 열심히 하면 되지, 그게 무슨 걱정이야, 지금부터 계획을
세워서 열심히 해봐.
나: (입을 삐쭉거리며, '그것이 가능할까?'라고 의심한다)

② 대화 2

나: 좋은 직장을 얻어야 하는데…….

친구: 요즘 어려운데 아무 데나 가.

나: (입을 삐쭉거린다)

③ 대화 3

나: 관심 있는 이성 친구가 생겼어.

친구: 그게 무슨 좋은 일이라고 자랑이야?

나: (입을 삐쭉거린다)

만일 이런 반응을 보인 친구가 있다면 대화를 더 이상 진행하고 싶은 마음이 들지 않을 것이다. 친구가 대화를 더 하자고 조르더라도 이 자리에서 벗어나고 싶은 마음이 들 것이다. 상대가 공감해주지 않고, 지적하고, 부담을 주고, 비꼬는 장애물을 늘어놓기 때문이다.

이제 우리는 우리의 대화가 어떻게 진행되고, 어떤 기술을 사용해야 하는지 알게 되었다. 더욱더 많은 관심과 노력을 통해 대화가 즐거워지고, 불편하지 않은 편안한 대화를 하면 좋겠다.

말이 삶을 바꾼다

06

대화의 활력 '칭찬과 감사'

우리 몸이 성장하고 유지되기 위해서는 탄수화물, 단백질, 지방과 같은 3대 영양소가 있어야 한다. 탄수화물은 우리 몸의 55% 정도를 차지하고, 단백질은 25~30% 비중을 차지하고, 지방은 15% 정도 된다.

탄수화물은 에너지원으로 사용되고, 단백질은 신체조직을 형성하며 호르몬, 항체, 체액의 균형을 유지해주면서 근육을 만드는 데 사용되고, 지방은 체온 유지는 물론 장기를 보호해주며 또한 체내 지용성비타민을 운반해주는 일을 한다.

우리 몸이 건강한 육체를 유지하기 위해서는 이 3대 영양소 외에도 각종 비타민과 칼슘, 마그네슘, 인, 칼륨, 아연 등 무기질까지 5대 영양소가 필요하다. 모두 우리 몸을 유지하는 데 꼭 필요한 소중한 영양소들이다.

우리 몸에 3대 영양소를 비롯한 비타민이나 무기질과 같은 영양소가 필요한 것처럼, 우리 마음에도 비타민과 같은 영양소들이 꼭 있어야 한다고 생각한다. 그것은 바로 '칭찬'이다.

마음에도 이런 영양소들이 결핍되면 병이 생기기 쉽다. 무기력하고 의욕이 없고, 무슨 일을 하더라도 자신감이 떨어진다. 반대로 칭찬이라는 영양소를 충분히 공급받으면 생기가 돌고, 자신감이 있고, 웬만한 불편한 말을 듣더라도 수용할 수 있는 여유가 생긴다. 마음에 윤기가 돌고 행복감을 느끼게 된다. 그래서 모든 사람에게 마음의 비타민인 칭찬이 필요하다고 생각한다.

　사람은 작은 칭찬만 듣더라도 활기를 얻고, 설령 칭찬이 빈말이거나 거짓이라는 사실을 알면서도 마법과 같은 힘을 얻는다. 사람 중에는 칭찬 한마디에 인생이 달라졌다고 말하는 이들이 많다. 그러니 칭찬은 다소 과장되거나 농담이 섞여도 좋다. 사람들은 그 말이 사탕발림이라는 것을 뻔히 알면서도 에너지를 얻기 때문이다.

　텍사스대학교 테드 휴스턴은 펜실베이니아주에서 혼인 신고를

말이 삶을 바꾼다

한 145명을 대상으로 13년 동안 행복한 부부와 이혼한 부부의 생활을 추적 조사했다. 상대방에게 애정을 잘 표현하거나 서로 칭찬하는 부부는 행복하게 살았으며, 반대로 서로 비난하고 욕하는 부부들은 대부분 이혼에 이르는 것을 발견하고 논문으로 발표했다.

칭찬 여부에 따라 사람들의 삶은 전혀 다른 결과에 이른다. 우리에게 칭찬이 얼마나 중요한지 그 가치를 충분히 알려주고 있다. 칭찬은 분명 마음의 건강을 주는 비타민과 같은 영양소임이 틀림없다.

필자는 남녀노소 모든 사람에게 칭찬은 꼭 필요하다고 생각한다. 그래서 살아가면서 가능한 한 서로 많은 칭찬을 나누면 좋겠다. 이렇게 칭찬을 강조하면 사람들은 "칭찬거리가 있어야 하지요."라고 반문하곤 한다. 칭찬하고 싶은데 칭찬거리가 없다는 말이다. 맞는 말이다. 우리는 그동안 칭찬의 원리나 방법을 배운 적이 없다. 그러니 칭찬하는 방법도 어색하고, 남에게 칭찬을 들어도 어색함을 느낀다. 따라서 칭찬의 방법과 원리를 알고, 실천하면 보다 더 힘 있는 삶을 살 수 있다.

사람들은 보통 우리에게 칭찬거리가 별로 없다고 생각한다. 하지만 실은 칭찬거리가 없어서 그런 것이 아니라 칭찬을 보는 눈이나 관심이 없거나, 아니면 칭찬의 원리를 몰라서 그런다. 칭찬이 보이지 않는 것은 칭찬의 관점을 결과에 두고 있어서 그런다. 보통 칭찬이라고 하면 어떤 일에서 좋은 결과를 얻어야, 혹은 멋진 모습을 보여야 칭찬하게 된다. 그러다 보니 어쩌다 합격이나 승진해야 칭찬하고, 어떤 사업을 따내야 칭찬하게 된다. 또 좋은 선물을 하거나 돈을 많이 벌면 칭찬하게 된다. 그러니 칭찬이라고 해 봐야 1년에 한 번 할까 말까 한다. 그러니 칭찬거리가 없다고 하는 것은 어쩌면 당연한 일인지 모른다. 그런데 우리의 생각이나 관점을 조금 바꾸기만 하면 칭찬은 생각보다 많다. 다음 세 가지만 알고 있으면 된다.

1. 칭찬은 결과가 아니라 과정

첫 번째, 칭찬은 '결과'가 아니라 '과정'이다. 승진한 결과를 두고 칭찬할 것이 아니라 승진 과정에서 있었던, 즉 일을 꼼꼼하게 처리한다든지, 가정보다는 회사를 먼저 생각한다든지, 주변 사람들을 잘 챙긴다든지, 상사나 부하 직원을 잘 모시거나 관리한다든지, 상황 파악 능력이 뛰어나다든지 생활하는 과정에서 있었던 일을 칭찬하는 것이다.

하루 생활 중에서 찾아보면 아침에 일찍 일어나 가족 식사를 마련한다든지, 사용했던 이불을 터는 일이라든지, 아침 운동을 하는 일이라든지, 먹을 것을 잘 준비한다든지, 양념을 빠지지 않고 넣어서 음식을 맛나게 한다든지, 운전하는 모습 속에서, 혹은 함께 출근하는 일 등 진행되는 과정을 보고 칭찬하는 것이다. 그러면 아침에 일어나면서부터 잠자리에 들 때까지 온통 칭찬거리라는 것을 알 수 있다.

2. 칭찬은 발견 즉시

다음으로 칭찬은 '발견 즉시' 하면 된다. 삶의 과정에서 일어난 바람직한 말이나 행동을 발견 즉시 칭찬하는 것이다. 칭찬을 미뤄 뒀다가 나중에 하면 그 효과가 떨어진다. 그러니 발견 즉시 칭찬하는 것이 좋다. 그러면 마음이 큰 힘을 얻게 된다.

3. 칭찬은 진실하게

마지막으로 칭찬은 '진실하게' 하는 것이다. 달리 말하면 단순하면서도 선명하게 칭찬하는 것이다. 눈에 보이는 대로 행동이면 행동, 말이면 말, 감정이면 감정 등을 있는 그대로 과장 없이 표현하는 것이다. 이런 칭찬 요령만 알고 있으면 온종일 칭찬할 수 있다.
또 칭찬과 같은 기능을 하는 말로는 '감사'가 있다. 이는 칭찬처럼 청자에게 커다란 용기와 힘을 준다. 어떤 일이든 잘할 수 있다는 자신감을 불어넣어주기도 한다. 칭찬이 주는 긍정처럼, 감사 역시 사람에게 좋은 영양소가 된다. 그래서 감사는 칭찬의 다른 언어라 할 수 있다.

이런 말을 하면 사람들은 '감사' 역시, "표현하고 싶은데, 감사할 거리가 있어야 하지요."라고 한다. 이유는 앞에서 언급했던 것처럼 그저 감사할 수 있는 순간을 발견하지 못했거나, 아니면 감사하는 방법을 몰라서 그런다. 아니면 우리의 눈이 그것을 보지 않고 외면하거나 배우지 못해서 그런다. 그래도 감사할 거리가 보이지 않거나 찾기 어렵다면, 서울대학교 심리학과 최인철 교수가 일러준 감사의 정의를 보면 도움이 된다.

그는 감사(感謝)를 "우리에게 늘 주어진 일상을 그렇지 않게 보

말이 삶을 바꾼다

는 것"이라고 했다. 이에 대해 성서에서도 "항상 기뻐하라. 쉬지 말고 기도하라. 범사에 감사하라."라고 일러준다. 이 말은 범사(凡事), 모든 일에 그러니까 일상의 모든 일, 기쁜 일, 슬픈 일, 숨을 쉬는 일, 편한 일, 힘든 일, 그냥 걸어갈 수 있는 일, 편하게 잠을 잘 수 있는 일, 직장에 나갈 수 있는 일 등 모든 일에 감사하라는 말이다. 최 교수의 말과 같은 의미라고 하겠다. 이런 관점에서 다른 사람의 일상을 살펴보면 행동 하나하나, 움직임 하나하나가 모두 감사가 아닌 것이 없다. 간단하게 말하면 우리들의 삶 자체가 모두 감사 덩어리라는 말이다.

가수 이선희의 노래 '그중에 그대를 만나'에는 "별처럼 수많은 사람들 그중에 그대를 만나 꿈을 꾸듯 서로를 알아보고, 주는 것만으로 벅찼던 내가 또 사랑을 받고, 그 모든 건 기적이었음을……"이라는 가사가 나온다. 여기 말대로라면 사람을 만난 것, 그 자체가 바로 '기적'이라는 것이다. 필자 역시 정말 그렇다고 생각한다. '기적이 아니라면 별처럼 그렇게 수많은 사람 중에서 지금 여기에 있는 사람을 만날 수 있었겠느냐?'라고 생각하기 때문이다. 누가 봐도 지금 내가 만나고 있는 사람, 아니 사랑하고 관계를 유지하고 있는 것이 기적 중의 기적이라 할 수 있다.

그러면 이제 생각해보자. 배우자로서 그냥 곁에 있는 것, 그냥 바라볼 수 있는 것, 그 자체만으로도 기적이라 할 수 있다. 기적을 보고도 감사하지 않은 사람이 있다면 이것이 오히려 이상한 일이다. 김종환의 '사랑을 위하여'라는 노래 첫 소절에는 이런 가사가 나온다. "이른 아침에 잠에서 깨어 너를 바라볼 수 있다면……", 함께 일어나는 것 그 자체가 감사이자 사랑이 된다는 말이다. 그런데 밥을 함께 먹고, 함께 출근하고, 돈을 벌어오고, 함께 잘 수 있는 것, 그러니까 순간순간이 기적이라 감사하지 않을 수 없다. 그러니 이제 우리는 순간순간 주변 사람들에게 감사를 표현해보자. 표현하는 것이 좋은 대화와 행복의 비결이다.

감사를 표현하는 방법이 어색하다면 토마스 고든 박사의 제안을 참고하면 도움이 된다. 그는 감사를 3단계로 구분해서 표현할 것을 제안하고 있다. 그의 제안을 필자가 이해한 대로 단계적으로 소개해본다.

첫 번째 단계는 **'구체적인 행동'을 있는 그대로 가감 없이 말하는 것**이다. "문을 잡아주시니", "옷을 곱게 봐주시니", "그렇게 너그럽게 봐주시니" 같은 것이다.

두 번째 단계는 그 행동이 **'내게 미친 영향'**을 말한다. "편하게 들어갈 수 있어서", "좋은 마음이 일어서", "내 마음이 편하게 되어"와 같다.

다음 세 번째 단계는 그것으로 인한 **'내 감정 상태'**를 말한다. "기분이 좋습니다. 감사합니다.", "행복합니다. 감사합니다." 등이다.

이 과정을 하나로 연결해 표현하면, "문을 잡아주셔서 편하게 들어갈 수 있어서 기분이 좋습니다. 감사합니다.", "옷을 곱게 봐주셔서 기분이 좋습니다. 감사해요.", "그렇게 너그럽게 봐주셔서 내 마음이 편안해집니다. 감사해요." 이렇게 표현하면 감사함에 대한 행동이나 느낌을 분명하고 선명하게 전달할 수 있다.

우리는 늘 가까이 지내는 사람에게 무미건조하게 지내는 경향이 있다. 또한 많은 시간을 함께 공유한 사람에게 감사 표현을 잘하지 않는 경향이 있다. 감사에 관하여 생각하고, 자주 연습하면 좋겠다는 생각이다. 처음에는 몸에 맞지 않은 옷처럼 어색할 수 있으나 조금 연습하면 몸에 익숙하게 돼, 구어체로 편하고 쉽게 말할 수 있다.

여기에도 주의해야 할 점이 있다. 고마움을 표현할 때, 마치 입에 발린 습관처럼 가볍게 해서는 안 된다. 진정성을 담아 진실하게 말하면 누구든지 긍정의 힘으로 수용할 것이다. 또 다른 주의할 점으로는, 상대가 내게 원하는 방법으로 해주면 좋겠다는 바람을 담아, 즉 상대의 행동을 조정할 목적으로 사용해서는 안 된다는 것이다. 감사를 표현할 때는 그저 단순하게 상대의 행동으로 인해 내가 느낀 고마움을, 있는 그대로 진심을 담아 표현하는 것이다. 그러면 상대는 그것을 칭찬으로 알아듣고 에너지를 얻게 될 것이다. 자! 이제 요령을 알았으니, 실천하는 일만 남았다.

제6장

마음 표현법

소통의 기본

　우리나라 전통 가치관 가운데는 겸손이라는 미덕이 있다. 이 미덕은 옛 선비들이 즐겨 사용하던 견마지로(犬馬之勞)라는 말에도 잘 담겨 있다. 자기 공(功)이나 수고를 낮춰서 '개나 말이 하는 하찮은 수고'라고 한 것이다. 이런 겸손의 미덕 덕분인지, 우리는 보통 자기 자신을 드러내는 일을 어색하게 여기거나 부담스럽게 여긴다.

　이런 모습은 우리 생활 속에도 상당히 남아 있다. 일을 잘 해낸 사람에게 "잘했다.", "수고했다."라고 격려하면 사람들은 "뭘요, 대수롭지 않은 일인걸요." 하거나 "환경이 그렇게 하도록 만들었습니다." 혹은 "그런 상황이라면 누구나 저처럼 그렇게 했을 겁니다."라고 표현한다.

　집에 손님이 찾아올 때도 그런다. 손님이 오신다고 하면 맞기 며칠 전부터 고민하면서 집 안을 정리하고 음식을 마련한다. 그래놓고, 식사 전에 "차린 것 없지만 많이 드세요.", "준비한 것이 변변찮습니다."라는 겸손을 보인다. 상다리가 부서지게 차려놓고 '차린 것이 없다.'라고 하니, 우리 일상의 논리와는 맞지 않은 말이다. 하지만 우리는 이를 어색하게 여기지 않는다.

이런 미덕 덕분인지 몰라도 우리는 감정이나 일상생활을 마음속에 꾹 담아두고 드러내지 않는 경향이 있다. 어떤 사람은 서운한 감정을 표현하지 않고 마음에 쌓아두었다가 병을 얻기도 한다. 또 자기감정을 표현하지 않았으면서 상대방이 자기 입장이나 감정을 몰라준다며 서운함을 토로하기도 한다. 어떤 사람은 자기 바람이 있어도 말하지 않고 그냥 두었다가 어느 순간 그 일을 꺼내 분쟁의 소재로 삼기도 한다. 모두 자기감정을, 혹은 자기 생각을 말하지 않아서 벌어진 일이라 하겠다.

내가 내 사정을 말하지 않으면 다른 사람들은 내 감정이나 내면을 알 수 없다. 그래서 우리 속담에 "열 길 물속은 알아도 한 길 사람 속은 알기 어렵다."라는 말이 생겨났다.

예를 들어 어떤 사람이 일하다가 갑자기 "가고 싶다."라는 말을 했다고 가정해보자. 그러면 '일이 지루하다.'라는 말인지, 혹은 '일이 어렵다.'라는 말인지, '어디론가 가고 싶다.'라는 말인지, 아니면 '집에 무슨 일이 있어서 가야 한다.'라는 말인지 그 의도를 알 수 없다. 따라서 의사소통을 위해서는 "봄꽃이 만발하니, 꽃을 보러 가고 싶다."처럼 자기감정을 분명하게 말하는 것이 좋다. 그래야 오해 없는 의사소통을 할 수 있다. 이런 대화는 사람들 간에 정보를 교환하는 일이 될 뿐만 아니라 서로 도움을 주고받는 데도 도움이 된다.

예를 들어 어떤 사람이 "머리가 아프다."라고 하면 우리는 할 수 있는 대로 그 사람에게 쉴 수 있도록 배려해주거나 아니면 약을 먹도록 도울 것이다. 그런데 말하지 않으면 주변에서 이런 도움을 줄 수 없다.

이처럼 내가 타인의 정보를 알거나 나의 정보를 타인이 아는 경우, 서로에게 유익이 된다. 생각해보면 우리는 남에게 선을 베풀거나 돕고 싶어도 상대의 욕구나 입장을 몰라서 실천하지 못하는 경우도 많다. 사소한 일들이라며 가볍게 여기거나 또 '상대가 응당 알아주겠거니'라고 생각해 알아줄 때까지 기다리는 일은 불편을 낳을 수 있다. 때문에 다른 사람이 내 사정을 알아주면 좋겠다고 생각한 일이나, 혹은 내가 불편하겠다고 여기는 일 등을 가급적 세세하게 상대에게 알리는 것이 필요하다.

예를 들어 '영화를 좋아한다.', '자동차에 관심이 많다.', '축구를

말이 삶을 바꾼다

좋아한다.', '나의 관심사는 이것이다.', '나의 취미는 ○○이다.' 사소한 이야기들 같지만 살아가면서 이런 말을 하지 않으면 대화에서 생각지도 못한 엉뚱한 일이 벌어지기도 한다. 직장이나 어떤 모임에서, 심지어 여러 해를 함께 살아온 부부간에도 "당신 그것을 좋아했어? 몰랐네요."라고 하는 경우를 종종 본다. 모두 자기 정보를 알리지 않아서 벌어진 일들이다.

좋아하는 것뿐만 아니라 자기가 싫어하는 것도 공유하면 좋다. 남의 일에 참견하는 사람을 싫어한다든지, 약속 시간을 지키지 않은 사람을 싫어한다든지, 뒷담화하는 것을 싫어한다든지 등 이렇게 자기 정보를 알리면 나와 상대 모두 서로 배려해줄 수 있고, 불편한 일을 줄일 수 있어 좋다.

따라서 사소한 것에서부터 자기 장단점, 호불호, 취미와 습관 등 그 영역은 매우 다양하다. 영역을 떠나 되도록 상대에게 내 정보를 알리는 것은 관계 형성의 좋은 밑거름이 된다.

친한 친구 사이에서, 혹은 직장에서 함께 일하는 사람들 사이에서, 함께 살아가는 가정 구성원들 사이에서도 자기에 관한 정보를 잘 알리는 것은 필요하다. 인간관계에서 어려움을 겪는 이유는 서로의 생각이나 의견, 마음 등이 전해지지 않아 소위 소통이 되지 않아 일어나는 경우가 대부분이다. 따라서 우리 스스로 이런 정보를 되도록 폭넓게 서로 나누도록 노력하는 것이 유익하다는 사실을 알면 좋겠다.

02

감정 표현법

앞에서 우리는 사람들 사이에서 소통의 부재는 기본적으로 서로에 대한 정보 부족이 원인이라고 했다. 따라서 주변 사람들에게 자기 정보를 잘 알려달라는 부탁을 했었다. 정보가 부족하면 서로 상대에게 잘해주거나 배려해주고 싶어도 하지 못하는 경우가 있고, 또한 바라는 사람 역시 바라는 것을 얻지 못하고 비슷한 것을 얻거나 거리가 먼 것으로 만족하는 경우가 있다. 그러다가 나중에 욕구 결핍이 일어나면 불편이 되고, 나중에는 상처가 되어 불평이나 원망, 반항 형태로 나타나기도 한다.

그래서 필자는 살아가면서 나의 정보를 알리는 일과 주변 사람들의 정보를 얻는 일은 꼭 필요하다고 생각한다. 그냥 막연히 저 사람은 나와 친하니까, 나와 함께 사니까, 나와 오랫동안 함께 지내서, 혹은 필요한 것만 제공하면 된다고 생각하는 것은 좋은 일이 아니라고 생각한다.

일찍이 정보전달의 가치를 알았던 중국 춘추시대 전략가 손자는 '지피지기(知彼知己)면 백전불태(百戰不殆)'라고 했다. 곧 나를 알고 상대를 알면 싸워도 위태롭지 않다는 말이다. 이 말은 전쟁에

202   말이 삶을 바꾼다

서 사용된 용어이지만 오늘날 우리 사람들 사이에서도 매우 가치 있는 교훈이라고 생각한다. 상대를 이기기 위해서가 아니라, 좋은 인간관계를 갖기 위해서 꼭 필요하기 때문이다. 내가 상대를 알고, 상대 또한 나를 알면 서로에게 필요한 욕구를 채워줄 수 있기 때문이다.

따라서 수시로 상대에 대한 정보를 수집하고 나의 정보를 전달하는 것이 필요하다. 이는 많은 대화가 필요하거나 비용도 들지 않는다. 다만 당사자들이 의식만 하고 있으면 쉽게 실천할 수 있는 일이니, 주저할 필요가 없다고 생각한다. 다만 정보를 전달하는 데 몇 가지 주의 사항만 지키면 좋겠다.

첫 번째 정보를 수집하고 받을 때는 앞에서 다루었던 것처럼 대화를 불편하게 만드는 장애물들을 사용하지 말아야 한다. 장애물을 사용하면 대화가 당장 불편해지기 때문이다. 그러다 보면 좋은 의도에서 정보교환을 하려던 것이 자기 과시, 자기 자랑, 오히려 조롱거리로 전락할 수 있다. 그러면 정보교환이 역효과가 날 수 있다.

두 번째는 상대와 나의 관계가 좋은 상태에서 전달해야 한다. 예를 잘 갖추어야 하거나, 또는 이해관계로 얽혀 있거나, 혹은 계약이나 설정 등과 같이 어떤 조건이 달린 상황에서는 곤란하다. 오히려 부작용만 낳을 수 있기 때문이다. 지금 나와 불편한 관계에 있는 사람에게 "나는 회(膾)를 좋아해요."라는 말을 했다고 가정해보자. 그러면 상대는 그 말을 좋게 받아들일 리 없다. '뭐 자기만 회를 좋아하나?' 아니면 '회를 좋아하면 자기가 알아서 먹을 일이지, 왜 내게 말하지?' 하면서 비꼬거나 불평할 수도 있다. 혹은 이기적이거나 잘난 체하는 사람으로 여길 수도 있다. 따라서 관계가 불편한 상태에서는 정보전달을 하지 않는 것이 좋다. 상대가 말을 듣고 싶은 상황이 아니거나, 화가 나 있는 상태라면 역시 삼가는 것이 좋다. 정보전달을 하려면 무엇이든지 편하게 말할 수 있는 상황이나 관계일 때, 나의 기호(嗜好), 혐오(嫌惡), 내 형편 등을 말하는 것이다.

세 번째는 언어적인 기술인데, 곧 말하는 방법이다. 토마스 고든 박사는 나를 알리는 방법으로 '나 - 전달법' 사용을 권한다. 최근에는 이 대화법이 우리 생활 속에 널리 알려져서 우리에게 익숙한 방법이기도 하다. 내 정보를 알릴 때는 '거기의 너' 중심인 '너 - 메시지'가 아니라, 여기의 나 중심 언어인 '나 - 메시지'를 사용하는 것이다. 여기에 대한 설명은 다음에서 하겠지만 여기에서는 정보전달 방법으로서 '나 - 메시지' 사용 방법만 간단하게 언급하려고 한다.

　'나 - 메시지'는 나를 주어로 내가 경험하고 있는, 나 자신의 정보를 상대방에게 알리는 방법이다. 그러니까 정보 전달자인 내 마음에서 바라는 바, 즉 '나의 마음 상태'를 그대로 상대에게 전달하는 것이다. 이는 상대에게 어떤 요구나 주문하는 것이 아니라 그냥 '내 욕구가 …임'을 알려주는 것이다. 그리고 그 말의 결과에 대한 선택은 듣고 있는 상대, 즉 상대 의지에 맡기는 것이다. 청자의 자발성에 기대는 말이라 할 수 있다.

　말하는 방법은 기본적으로 나의 기호나 가치관을 비롯해서 취미, 기호(嗜好), 보는 관점 등을 나 중심의 언어, 즉 '나는 …을 좋아한다.', 혹은 '나는 …을 싫어한다.'처럼 말하면 된다. "나는 회(膾)를, 강아지를, 여행을, 만드는 것을 좋아한다.", '나는 … 가치관을 따르고 있다.', '나는 이런 종교관을 가지고 있다.' '나는 이런 생각을 한다.' 먹는 음식이 될 수도 있고, 혹은 삶의 어떤 형태 등 다양한 내용이 될 수 있다.

이런 대화는 하면 할수록 도움이 된다. 예를 들어 어떤 사람이 "나는 반려견을 좋아한다." 혹은 "나는 낚시를 좋아한다.", "집 짓는 것을 좋아한다."라는 말을 했다고 가정해보자. 그러면 들은 사람은 그 사람에 대한 정보를 얻어서 반려동물에 관한 대화를 나누거나 아니면 낚시에 관한 주제로 이야기를 나눌 수 있다. 또 어떤 사람이 "나는 생선을 좋아합니다."라고 하면 '저분은 육고기보다 생선을 더 좋아하는구나.'라는 정보를 얻을 수 있다. 또 어떤 사람이 "나는 목조건축물에 관심이 많습니다."라고 하면 그 사람의 관심사를 알 수 있다. 그러면 그 내용으로 대화를 나눌 수 있고, 상대를 이해할 수 있는 채널이 될 수도 있다.

이런 대화는 상대방과 부딪히는 일을 줄이거나 갈등을 예방할 수 있도록 도와준다. 상대방이 내 가치관이나 좋아하는 것, 그리고 싫어하는 것을 잘 알고 있다면 가급적 내가 좋아하는 일을 돕고, 내가 싫어한 일을 억지로 시키려고 하지 않을 것이다. 나 또한 상대방의 욕구나 생각을 알고 있다면 그렇게 할 수 있을 것이다.

필자는 독자들이 할 수만 있다면 나의 정보를 상대와 공유하는 일을 보다 적극적으로 실천하면 좋겠다. 앞에서 든 몇 가지 주의할 점을 생각하면서 적극적으로 실천하면 좋겠다.

말이 삶을 바꾼다

03

나 - 메시지

앞에서 내 감정이나 생각을 알리는 방법으로써 '나 - 메시지' 사용을 권했다. 이런 말을 처음 접한 사람들은 무슨 말인지 몰라 어렵게 여길 수 있다. 또한 이런 말을 들었다 하더라도 흘려들어 사용 방법을 모르고, 적용하는 데 어려움을 겪을 수 있다. 그래서 여기에서 좀 더 구체적으로 설명하려고 한다. '나 - 메시지'와 '너 - 메시지', 이 둘의 차이를 알기 위해 우리가 잘 사용하는 말들을 사례로 들어 비교하면서 알아보기로 한다.

"너는 …해야 해."
"너 왜 그러니?"
"너 때문에 내가 할 수 없구나."
"네가 잘못했구나."
"네가 그 일을 했잖아."
"너는 맨날 어떻게 그 모양이니?"

이런 말은 모두 듣고 있는 사람 '너'가 기준이다. 듣고 있는 사람

'너'에게 모든 책임이나 의무를 전가하고 있는 말이다. 말이 비교적 짧은 데다, 간단하고 사용하기에 편리해, 우리가 자주 사용하고 있는 말이다. 또한 화자의 의도나 생각을 명확하게 전달할 수 있어서 상당히 매력적인 말처럼 보인다. 하지만 이런 말들은 친하고 편한 사이라면 크게 문제 되지 않을 수 있지만, 다소 소원한 사람이나 여기에 감정이 개입되면 상당한 부작용을 만들어낸다.

첫 번째, '너 - 메시지'를 듣는 사람은 마음이 불편해지기 쉽다. 만일 느낌이 없다면, 내가 직접 들었다고 생각하면 금세 이해할 수 있다. 누군가 내게 "너는 맨날 어떻게 그 모양이니?", "너 때문에 내가 할 수 없구나."라고 한다. 어떤 느낌이 들까? 들으면 들을수록 마음이 불편해진다.

또 약속 시간이 지나 친구에게 갔더니, "너는 약속을 왜 지키지 않니? 무슨 사람이 그래?", 혹은 "너는 도대체 뭐니? 약속 시간을 이렇게 어겨도 되니?"라는 말을 한다. 나는 어떤 기분이 들까? 결코 기분이 좋지 않을 것이다.

두 번째로 '너 - 메시지'는 듣는 사람에게 부지불식간에 의무감을 안겨준다. 예를 들어 우리 집에 가족 친지들 방문이 계획되었다. 우리 집 안이 깨끗하고, 자녀들이 손님에게 공손하게 대하면 좋겠다. 그래서 자녀들에게 "오늘 손님이 오시니까 네 방 청소 좀 해라." 또 "너희들, 오늘 친지분들이 오시면 친절하게 인사해야 한다."라고 부탁했다. 그러자 아이들이 "아이 참, 손님이 우리 집에 왜 오시지? 안 오시면 좋겠다."라는 반응을 보인다. 옳고 정당한 말인 것 같은데, 아이들 반응은 예상과 달랐다. 왜 이런 일이 벌어진 걸까? 아이가 '…을 해야 한다.'라는 의무감을 느껴서 그런다.

세 번째, '너 - 메시지'는 원인 분석과 함께 평가받는다는 느낌을 준다. 자녀가 어느 날 성적이 떨어져 속상하다며 "아이, 씨, 성적이 이게 뭐야?"라고 한다. 부모가 위로해주고 싶어서 "네가 공부에 집중하지 못하고 산만하게 하니까 그렇지!", "평소에 놀더니 그럴 줄 알았다."라는 말을 해주었다. 그랬더니 아이는 계속 불편한 마음을 나타냈다. 아이는 왜 이런 태도를 보인 걸까? 부모가 아이 행동에 대한 원인 분석을 통해 평가해주어서 그렇다.

네 번째, '너 - 메시지'는 모든 책임을 청자에게 떠넘기는 말이다. '네가 그랬으니, 그런 결과에 이른 거야.'와 같은 형태의 말이 된다. "너는 왜 그 모양이니?", "너는 항상 그러더라.", "너는 왜 늦었니?" 모두 '너 - 메시지'이다. 모두 청자에게 막대한 책임을 전가하고 있는 말이다. 그래서 청자가 모든 책임을 다 떠안아야 한다고 느끼게 한다. 그러니, 이런 말을 들으면 당장 불편하게 된다.

다섯 번째, '너 - 메시지'는 듣는 사람이 방어하고 싶은 마음을 불러온다. 예를 들면 이런 말들이다. "네가 그렇게 공부하지 않으면 나중에 커서 어떻게 살려고 그래?", "넌 그렇게 놀다가 나중에 뭐 하려고 그래?" 등이다. 자녀의 장래를 염려해서 충고하는 말이지만, 이런 말을 들으면 자녀는 "제 삶은 제가 책임질 테니 엄마는 걱정하지 마세요."라는 반응을 보이기도 한다. 자녀가 의무감과 부담을 느꼈기 때문이다. 이처럼 '너 - 메시지'는 듣는 사람이 방어막을 치도록 돕고, 필요 없는 저항을 만들어낸다.

생각해보면 사람들이 청자에게 부담을 주고, 저항을 만들어내고, 기분을 상하게 하고 싶어 '너 - 메시지'를 사용하지는 않을 것이다. 이유가 있다면, '너 - 메시지' 외에 다른 언어 구사 방법을 배우지 못했거나 알지 못해서 그런다. 그래서 이런 말 외에 다른 형태의 말을 사용하자고 권하면 "그러면 무슨 말을, 어떻게 해야 하는데요?"라는 반응을 보이기도 한다.

이제 '나 - 메시지'를 알아보자. '너 - 메시지'가 듣는 사람, '너'가

말이 삶을 바꾼다

기준이라면 '나 - 메시지'는 화자인 '나'가 기준이 된다. '나 - 메시지'는 상대 행동을 보거나 말을 들었을 때, 내 안에서 일어나는 감정을 그대로 말하는 것이다. "네 … 행동에 이런 생각이 드는구나." 혹은 "네 말을 듣고 보니 … 느낌이 드는구나."처럼 내가 느낀 감정을 평가나 판단, 비교 없이 그대로 말하는 것이다.

이런 말은 '너'를 기준으로 한 "너는 행동이 엉망이구나.", "버릇 없는 말이구나.", "네 성적, 이게 뭐니?", "넌 이렇게밖에 못 하겠니?"라는 말과는 상당히 다른 느낌을 준다. '나 - 메시지'는 말의 중심이 화자에게 있어서 듣는 사람의 마음을 훨씬 편하도록 도와준다. 다음 두 문장을 비교하면서 듣는 사람의 감정을 느껴보면 좋겠다.

너 - 메시지	"늘 놀기만 하다니, 너 취업은 어쩌려고?"
나 - 메시지	"네 노는 것이 걱정되는구나."

이런 경우도 보자. 자녀가 예고 없이 밤늦게 집에 들어왔다. 엄마는 자녀 귀가를 기다리느라 피곤하기도 하고 걱정이 되었다. 이때 자녀가 들어왔다. 이 상황에서 부모가 하는 말을 가지고 '나, 너 - 메시지'에 따른 느낌을 서로 비교해보자. 내가 자녀라 생각하고 비교해보자.

너 - 메시지	"너는 왜 이렇게 늦게 다니니? 연락도 없이." "너는 뭐하고 이렇게 늦게 다녀?"
나 - 메시지	"늦었구나. 엄마가 걱정했어. 기다리느라고 매우 피곤하구나."

이상에서 살펴본 것처럼 '나 - 메시지'는 '너 - 메시지'처럼 듣는 사람에게 '…을 하도록 명령'하거나 어떤 책임을 묻지 않는다. 또한 자기 불편한 감정을 상대에게 뒤집어씌우지도 않는다. 다만 현재 내 기분 상태, 즉 불편을 느낀 내 감정을 상대에게 전달하는 말이다. 그래서 관계를 훼손하거나 상대 마음을 불편하게 만들지도 않는다.

이제 우리는 생활 속에서 이런 대화를 연습하고 실천하면 좋겠다. 우리 말이 상대에게 편안함을 주고, 주변 사람들과 좋은 관계로 더 자주 보고 싶은 사이가 되면 좋기 때문이다.

'나 - 메시지'의 실제

（04）

필자는 앞에서 내 생각이나 마음을 전달하는 방법으로서 '나 - 메시지'를 설명했다. 이 방법은 대화 나눌 때, 혹은 내 감정을 다른 사람에게 전달할 때 매우 유용한 도구가 된다고 했다. 또한 내 마음이 불편할 때 상대에게 전달하는 방법으로서 좋은 도구가 된다는 사실도 언급했다. 이제 그 내용을 조금 더 나누어서 실제 적용하는 방법을 다루려고 한다. '나 - 메시지'는 다음과 같은 조건을 갖춰 말하면 조금 더 쉽게 사용할 수 있다.

첫 번째 단계는 나를 불편하게 만든 상대 행동을 **사진 찍듯이 분명하고 선명하게 표현**한다.

두 번째 단계는 상대 행동이 **내게 미치는 영향**을 말한다.

세 번째 단계는 이 일로 인해 일어난 **내 감정**을 가감 없이 그대로 말한다.

첫 번째	두 번째	세 번째
행동을 선명하게	내게 미치는 영향	그것으로 일어난 불편한 내 감정

이런 과정이 실제 상황에서 어떻게 적용되는지 살펴보자.

① 상황 1

성해는 내가 좋아하는 친구라 내가 자주 만나는 편이다. 그런데 최근 약속 시간을 세 번 어겨서 기분이 나빴다. 무슨 말을 해야 하겠는데, 어떻게 반응하면 좋을까?

반응 1: "야, 넌 사람이 어떻게 맨날 늦냐?"
반응 2: (기분이 나빠도 표정만 바꾸면서) "많이 늦었다? 이렇게 기
　　　　　다리게 하고."
반응 3: "내가 만만하게 보이니? 왜 이렇게 약속 시간을 자주 어
　　　　　겨?"
반응 4: "내 시간은 생각하지 않니?"
반응 5: ?

우리가 보통 일상으로 사용하는 말들을 나열해봤다. 그런데 우리는 이런 반응 중 하나를 만나면 내가 비록 잘못했더라도 기분이 좋지 않게 된다. 이유가 있다면 모든 잘못을 나에게 전가하는 '너 - 메시지'이기 때문이다. 우리는 이런 반응을 어디에서 배우지 않아도 아주 자연스럽게 잘 사용하고 있다. 친구를 비난하거나 기분을 상하게 만들고 싶은 의도가 아니더라도 이런 말을 부지불식간에 사용하게 된다. 그러면서 대화를 어색하게 만들고, 심지어

관계까지 불편하게 만들기도 한다. 이런 상황을 막으려면 이 경우에도 '나 - 메시지'를 사용하는 것이 좋다. 그러기 위해서는 처음에는 세 단계로 나누어 연습하는 것이 좋다.

첫 번째 단계는 불편을 만들어낸 상대 행동을 사진 찍듯이 선명하게 말한다. 예를 들어 약속 시간을 세 번 어겼다면, "약속 시간을 세 번 지키지 않아서"처럼 가급적 정확하게 말한다. 이런 경우, 대부분 '늘'이라는 말을 사용하여 "너는 늘 약속을 어기더라." 혹은 "너는 사람이 왜 이 모양이야?"처럼 두루뭉술하게 말하기 쉽다. 그러면 상대는 "내가 뭘 어째서?", "몇 번 그러지 않았는데 뭘?", "사람이 살다 보면 그럴 수도 있지, 친구 사이에 뭐 그런 걸 가지고." 이런 반응을 보일 수 있다. 그러면 말의 의도와 다른 반응을 만날 수 있다.

친구에게 이렇게 말하는 것은 친구의 행동이 나의 바람대로 수정되어 그런 일이 일어나지 않아야 한다. 그런데 말을 잘못하면 친구 행동은 그대로 있고, 내 마음에 불편함이 남아 당장 언쟁으로 이어지기 쉽다. 그러면 자기 마음을 몰라준 친구를 미워하게 되고 비난하는 일이 벌어지기도 한다. 이유를 따져보면 상대 잘못이 아니라 이렇게 말한 내 잘못이다. 친구 행동을 있는 그대로 말하지 않았기 때문이다. 따라서 상대 행동을 선명하게 말하는 것은 매우 중요하다.

두 번째 단계는 친구 행동이 내게 미치는 영향을 말하는 것이다. "네가 약속 시간을 세 번씩 어겨서 **내가 말해야 해서…**"라고 한다. 그러면 친구는 자기 행동이 나에게 미친 영향이 무엇인지 분명히 알게 된다. 여기에서 중요한 것은 **'내게 미치는 영향'**이다.

필자가 대화법 관련 강연에서 '나에게 미치는 영향'이 매우 중요하다고 강조하곤 한다. 그래도 참가자들은 나에게 미치는 영향을 말하지 않고, "약속을 세 번 어기면 네가 힘들어질까 봐"처럼 상대에게 미치는 영향을 말한 경우가 많았다. 이처럼 너에게 미친 영향을 말할 경우, "응, 내 힘든 것은 괜찮아, 염려 마."처럼 반응할 수 있다.

또 이런 경우도 보자. 자녀가 공부하지 않고 놀기만 하는 것 같다. 그래서 엄마가 "네가 공부하지 않으면 바보가 될까 봐서" 혹은

"공부 못한 사람이 될까 봐서"처럼 상대에게 미치는 영향을 말하면 내 의도와 달리 자녀는 "전 바보가 되어도 좋아요." 혹은 "성적은 제가 책임질게요." 같은 반응을 보이게 된다. 아이가 부모의 바람으로 반응하지 않고 엉뚱한 대답을 하는 것은 모두 부모가 나에게 미치는 영향을 말하지 않고, 자녀에게 미치는 영향을 말했기 때문이다.

이렇게 상대에게 미치는 영향을 말하면 대화가 전혀 다른 곳으로 흐르게 된다. 그리고 또 다른 실수는 사람들은 나(상대)에게 미친 영향을 상대가 잘 알고 있을 것으로 생각하는 것이다. 그런데 실제 사람들은 대부분 내 말이나 행동이 타인에게 미치는 영향을 잘 모르는 경우가 많다. 그래서 내게 미치는 영향을 분명하게 말할 필요가 있다.

세 번째 단계는 친구가 내게 준 불편으로 인해 내게 일어난 내 감정을 표현하는 것이다. 여기서 감정은 '속상함' 혹은 '기분 나쁨'이다. "네가 약속 시간을 세 번이나 지키지 않아 내가 언급해야 해서 기분이 나쁘구나."라고 말하는 것이다.

② 상황 2
친구가 내 노트북 컴퓨터를 빌려 가서 돌려주기로 약속한 날을 열흘이나 넘기고 있어 불편하다. 이런 경우, 어떻게 말하면 좋을까?

첫 번째 단계: 행동 그대로 말하기
"네가 노트북을 가져가 약속 날을 열흘이나 넘기고 있어서."

두 번째 단계: 나에게 미치는 영향
"내가 컴퓨터를 사용할 수 없어."

세 번째 단계: 이로 인한 나의 감정
"불편해."

문장으로 완성하면 다음과 같다.
"네가 노트북을 가져가 약속 날을 열흘이나 넘기고 있어서 컴퓨터를 사용할 수 없어 불편해."

다시 한번 강조하지만, 상대 행동이 내게 미치는 영향을 말하고 이에 따라 일어난 내 감정을 말해야 한다. 그렇지 않으면 대화가 예상 밖으로 흐르기 쉽다. 예를 들어 내가 책을 보고 있는데, 곁에서 다른 친구가 노래를 불러서 불편을 느꼈다. 그래서 노래를 그만하면 좋겠다는 생각이 들었다. 친구에게 "그렇게 크게 노래하면 네 목이 상할까 염려되는구나."처럼 말했다. 그러자 친구는 "내목은 튼튼해서 괜찮아." 혹은 "내 목은 내가 알아서 관리할 테니 신경 쓰지 마."라는 반응을 보였다. 그러면 내 의도와 전혀 다른 결과를 만나게 된 셈이다.

말이 삶을 바꾼다

왜 이런 반응을 만나게 된 걸까? 이유는 내가 말을 잘못해서 그렇다. 내게 미치는 영향을 말하는 것이 아니라 친구에게 미치는 영향, '네 목 상할 것'을 말했기 때문이다. 그러니 유념할 것은, 반드시 지금 말하고 있는 나에게 미치는 영향을 말하는 것이다. 일반적으로 사람들은 내 행동이 남에게 불편을 주고 있다는 사실을 알면 그런 일이 일어나지 않도록 생각하게 된다. 더 나아가 내가 겪는 불편이 해소되도록 도움을 끌어낼 수 있다.

이처럼 상대에게서 느낀 불편에 대해 내 감정 상태를 '나 - 메시지'로 말하면 상대는 내 불편에 동의하게 되고, 그러면 상대의 도움으로 내 불편이 줄어들거나 없어질 수 있다. 이런 대화 방식은 내 처지에서 보면 내 감정 상태를 충분히 말할 수 있어서 좋고, 상대는 내 바람에 동조해줄 수 있어서 좋다. 그리고 무엇보다 듣는 사람에게 불편한 감정을 만들어주지 않아 관계를 훼손하지 않게 된다. 그러면서도 내 욕구를 채울 수 있다. 그래서 좋은 대화법이라 하겠다.

불편 예방법

언젠가 방송국에서 의사소통과 관련된 내용을 방송하고 있었다. 의사소통이 비교적 잘된다고 하는 부부들을 대상으로 의사소통이 얼마나 잘 이뤄지고 있는지 알아보는 내용이었다. 참여한 사람들은 부부로 오래 살기도 했거니와 눈빛이나 표정, 작은 몸짓 하나만으로도 상대 의지나 뜻을 잘 알 수 있다고 자부하는 사람들이었다.

본 방송을 시작하기 전, 참여자들은 모두 인터뷰를 진행했다. 그들은 대부분 서로 상대 표정만 봐도 무엇을 말하는지 그 의도를 금방 알 수 있다고 자신했다. 본방송이 시작되어 가정에서 벌어질 수 있는 상황을 제시하고 이 상황에서 부부가 이해한 내용을 각자 적은 다음 그 일치 여부를 확인했다.

예를 들어 출근하는 남편에게 아내가 "당신 오늘 저녁 몇 시에 들어와요?"라고 물으면, 남편이 듣고 이해한 내용이나 의도를 쓴 것이다. 그리고 아내도 그렇게 말한 의도를 적었다. 남편들이 이해한 내용은 '오늘 일찍 들어오라는 말이구나.', '집사람이 내 생활에 간섭하는구나.', '술 먹지 말고 들어오라는 말이구나.', '일찍 들어와

집안일을 도와달라는 말이구나.' 등이었다.

이에 반해 아내들은 '저녁에 밥을 얼마나 해야 할지 예측하려고', '저녁에 모임이 있어서 남편이 일찍 들어오면 저녁을 마련해두고 나가려고', '남편 건강이 염려되어서' 등과 같은 내용을 적었다. 답한 내용을 열어 서로 비교해보니 아내와 남편이 이해한 내용이 대부분 서로 달랐다.

이 방송을 보면서 느낀 것은 항상 가깝게 지낸 사람들일지라도, 그리고 서로를 잘 안다고 자부하는 사람들일지라도 상대 행동이나 말의 의도를 정확히 맞히는 일은 쉽지 않다는 것이다.

필자도 이와 비슷한 경험을 한 적이 있다. 어느 날 오전 11시쯤 일하다가 문득 지루함을 느꼈다. 기지개를 켜면서 혼잣말로 "지금 몇 시지?"라고 했다. 옆에 있던 동료 선생님이 "아침 식사 안 하고 오셨어요?"라고 물었다. 그 선생님은 내가 점심시간을 기다리는 줄로 이해하셨던 모양이다. 필자의 의도는 단순하게 집중하기가 어려워 마음을 다시 가다듬고 싶어서 그랬다.

"열 길 물속은 알아도 한 길 사람 속은 모른다."라는 말처럼 사소한 일일지라도 상대의 의도나 생각, 그리고 감정 상태를 알아차리는 일은 쉽지 않다. 상대 마음을 아는 것은 그만큼 어렵다는 것을 보여주는 사례라 하겠다. 바꿔 말하면 사람이 자기 의사를 구체적으로 표현하지 않으면 다른 사람이 하는 말의 의미를 알아내기가 쉽지 않다는 것을 방증한 것이다.

따라서 부부나 자녀, 친구도 서로 상대 마음을 알지 못하니, 나의 어떤 욕구나 의지가 있으면 적절한 방법으로 표현하는 것이 좋다.

우리가 앞에서 다룬 '나 - 메시지'는 내 정보를 알리는 데도 유용하지만, 예상되는 불편이나 갈등을 예방할 수 있는 도구로서도 매우 유용하다.

방법은 먼저 내 욕구를 선명하게 말한다. 그다음, 그것이 내게 미치는 영향을 말하면 된다. 예를 들어 내가 밖에 나와 있는 사이 자녀가 저녁 식사를 지어두면 좋겠다는 생각이 들었다. 그러면 "엄마가 늦으면 네가 밥을 지어놓으면 좋겠구나."처럼 자기 욕구를 분명하게 말한다. 그런 다음 "엄마가 걱정을 덜 수 있겠구나."처럼 내게 미치는 영향을 말하는 것이다.

구분	욕구	미치는 영향, 원인(이유)
단문	밥을 지어놓으면 좋겠구나.	엄마의 걱정을 덜어줄 수 있겠다.
완성문	네가 밥을 지어놓으면 엄마의 걱정(부담)이 덜어지겠구나.	

상대에게 어떤 기대하는 바가 있거나 앞으로 불편한 일이 예상된다면 반드시 미리 선명하게, 구체적으로 알리는 것이 좋다. 내 주변에 있는 사람들이 응당 알아서 반응하거나, 내가 원하는 일을 알아서 해주는 일은 일어나지 않는다. 만일 일어난다면 그것은 기적이다.

말이 삶을 바꾼다

　이런 경우도 살펴보자. 대형 상점이나 놀이 시설에 가면 장난감을 사달라는 아이와 그럴 수 없다는 부모가 서로 다투고 있는 모습을 종종 볼 수 있다. 어떤 아이는 아예 바닥에 드러누워 떼를 쓰는 일도 있다. 그러면 엄마는 "이제 너는 마트에 데리고 오지 않을 거다." 하면서 아이에게 꾸지람하거나 심한 야단을 하기도 한다. 이런 경우, 대부분 아이의 잘못이라 생각한다. 하지만 이런 대화법을 알고 있는 사람은 그렇게 생각하지 않는다. 갈등이 예견된 경우라면 아이에게 마트에 오기 전, 미리 그 상황을 자세히 말해야 했는데 그렇게 하지 않았기 때문에 부모 잘못이라 하겠다. 만일 아이가 장난감을 사달라고 조를 일이 예견된다면 미리 "오늘 마트에 가서 장난감을 사달라고 하면 엄마는 곤란하단다. 왜냐하면 지난번에 구매했기 때문이야." 혹은 "오늘 마트에서 아이스크림을 사달라고 하면 엄마는 불편하단다. 네가 감기 걸릴까 봐(다른 타당한 이유가 있다면 그것을 들어서) 걱정되기 때문이란다."처럼 말해야 한다. 그러면 자녀들도 부모의 의도를 파악하고 협조하게 된다. 이런 대화 기술을 알지 못하거나 실행하지 않으면 당장 불편을 만날 수 있다.

이제 우리는 불편이 예견된 경우라면 어떻게 해야 하는지, 예방하는 방법을 알게 되었다. 만일 이렇게 말했는데도 자녀가 억지를 부리는 경우, 야단하기보다는 아이의 생각을 먼저 수용하는 것이 좋다. 이해를 바탕으로 아이의 욕구를 파악한 다음, 어느 정도 욕구를 들어주는 것이 좋다. 그런 다음 아이에게 우리가 처음 약속했던 일이 깨졌다는 사실을 분명하게 말하고 그보다 낮은 수준의 욕구를 들어주는 것도 하나의 방법이 될 수 있다.

예를 들어 아이가 아이스크림을 사달라고 떼를 쓰면, 아이가 원했던 것 대신 보다 작은 아이스크림을 먹도록 제안해서 사주든지, 아니면 아이스크림 대신 작은 사탕이나 과자로 대신해주는 것이 좋다. 만일 값이 비싼 장난감인 경우, 사줄 수 없는 상황을 충분히 설명하고 거절하는 것도 좋다. 그것은 생일 때나 아니면 크리스마스 때에 선물로 준다고 약속하는 것도 현재 관심을 돌려놓는 데 도움이 된다. 그러니까 지금은 그보다 못한 다른 욕구를 들어주거나, 아니면 관심의 방향을 조금 달리함으로써 아이의 욕구를 들어주는 것이 좋다는 말이다.

우리는 생활하면서 언제든지 불편이나 갈등이 예견된 상황을 만날 수 있다. 필자가 부모 교육 프로그램을 운영하다 보니, 자녀

게임 문제를 물어오는 분들이 있다. 이럴 때도 게임하는 시간을 정해줬으면 마칠 시간을 예고하는 것이 좋다. 10분 전, 혹은 5분 전에 마칠 시간을 예고하면 불편이나 부작용 없이 정해진 시간에 끝낼 수 있다. 그런데 그렇게 하지 않고 게임 마칠 시간이 지나서 게임하고 있으면 제시간에 마치지 않는다고 야단해봐야 의미가 없다.

예견된 불편은 사전에 예고로 충분히 예방할 수 있다는 사실을 알면 좋겠다. 그러면 갈등을 줄이거나 없앨 수 있을 뿐만 아니라 서로 기분을 상하지 않게 된다. 그래서 나와 상대, 모두의 욕구를 채울 수 있다. 사소한 것 같지만 말이 우리 삶을 전혀 다른 모습으로 바꿀 수 있다는 사실을 기억하면 좋겠다.

06

불편 해소법

우리는 살면서 각양각색의 다양한 일들을 만나게 된다. 특별한 느낌을 주지 못한 일을 만나기도 하고, 혹은 재미있는 일을 만나기도, 혹은 어려운 일을 만나기도 한다. 앞의 두 유형의 일은 내 삶에 무난한 긍정을 만들어내지만, 나중의 일은 불편이나 괴로움을 가져다주기도 한다. 짜증, 화, 분노, 좌절감, 이해받지 못함, 내 행동을 방해하는 사람 등은 만나고 싶지 않은 일이다. 하지만 이들은 우리에게 종종 찾아와 우리를 성가시게 한다.

살면서 이런 감정들을 해소하지 않고 오래 끌고 가면 내 안에 분노, 죄책감, 부끄러움, 당혹감, 자존감 상실 등이 쌓이게 된다. 더욱이 마음은 물론 몸에 병을 얻은 경우도 있다. 따라서 우리는 이런 감정들을 잘 풀어내고 해소할 필요가 있다.

그러기 위해서는 내게 불편을 주는 상대 행동이나 말이 사라져 내게 어떤 영향이나 불편을 주지 않아야 한다. 그런데 이런 일이 저절로 일어나지 않으면 좋겠는데, 그러지 않는다. 그래서 이를 풀어내기 위해 사람들은 내게 불편을 주는 상대에게 찾아가 그가 한 말이나 행동을 따지고, 하지 못하도록 강요하는 방법을 쓰기도 한다. 그러다가 싸움이 벌어지거나 사이가 멀어지기도 한다. 또 어떤 사람은 불편한 일을 말하지 못하고 속으로만 앓고 지내다가 병을 얻기도 한다.

이렇게 싸우거나 속앓이하면서 지내는 일은 둘 다 좋은 일이라 할 수 없다. 이런 상황이 벌어지면 대부분 "하지 마.", "그만 해." 등 명령하고 지시하는 말을 사용한다. 그리고, "만일 그러면 …될 줄 알아.", 혹은 "가만두지 않을 것이야." 등 경고성 발언을 하기도 한다. 아니면 "그렇게 해서는 안 되지."라고 타이르거나 충고하고, 해결책을 제시하기도 한다. 하지만 이런 방법으로는 싸움에 이르거나 관계만 더 나빠질 뿐이다.

우리가 살면서 이런 어려움은 원치 않지만, 종종 만나게 되는데, 그렇다고 서로 싸움으로 해결하거나 관계를 영원히 끊고 살 수는 없다. 상대에게서 느낀 불편을 해소하고 싶지만 이런 말을 하면 상대가 수용하지 않거나, 혹 다툼으로 이어질까 봐 망설이게 된다. 또한 좋은 관계를 유지하면서 해결하는 방법을 몰라서 고민하게 된다.

쉬운 방법은 아니지만 여기에서 제시하는 대화 기술을 사용하면 서로 마음을 상하거나 관계 훼손을 하지 않으면서 해결할 수 있다. 우리가 대화를 통해 상대가 내게 준 불편을 말하려고 하는 것은 나의 불편을 해소하고 싶을 뿐, 그 사람을 미워하거나 원망하고 관계를 훼손하고 싶어서 그러는 것이 아니다. 이런 마음가짐으로 어려움이 있을 때 접근하면 상당히 도움을 받을 수 있다. 그러한 방법을 알아보려고 한다.

예를 들어, 내가 무슨 말을 했더니 친구가 "그것을 말이라고 하니? 어찌 그리 개념이 없니?"라고 한다. 이 말이 내 마음을 불편하게 만들어 상당히 화가 났다. 내 불편을 해소하려고 당장 지적하려다 보니 싸움이 될 것 같고, 참고 있자니 화가 나서 견디기 어렵다. 어떻게 하면 좋을까?

이런 일이 있으면 친구를 만나 이야기하더라도 먼저 감정이 앞서 '명령하기', '지시하기', '경고하기' 등의 말을 하기 쉽다. 이렇게 말하면 당장 마음에 상처를 입고 싸움으로 이어지기 십상이다. 따라서 이런 말을 배제하고 다른 방법을 사용하는 것이 좋다.

이런 상황에서 상대가 내게 준 불편을 말하려면 우리가 다뤘던 '나 - 메시지'를 활용하는 것이 좋다. '나 - 메시지'는 상대 행동을 지적하는 것이 아니라 상대 행동이 나에게 미친 영향과 그로 인한 내 감정을 말하는 것이다. 다시 한번 언급하면 그 형식은 다음과 같다.

첫 번째	두 번째	세 번째
행동을 선명하게	내게 미치는 영향	그것으로 일어난 불편한 내 감정

이런 형식에 따라 말하면 상대를 탓하는 것도, 잘못을 지적하는 말이 아니라서 상대에 대한 부정적인 평가를 최소화해 상대의

말이 삶을 바꾼다

감정을 건드리지 않게 된다. 따라서 다른 감정을 일으키지 않아 대화를 유지하고, 또한 상대가 변화될 수 있는 의지를 촉진해준다. 또한 무엇보다 상대와 관계를 훼손하지 않아도 된다. 더구나 이런 형태의 말은 상대가 내게 무슨 불편을 일으켰는지 분명하게 알려준다. 내 화(火)가 구체적으로 친구의 어떤 행동 때문이라는 사실을 분명히 하는 것이다. 그러면 친구가 그것을 분명히 인지하고 수정, 또는 보완할 수 있다. 그리고 그러한 행동이 내게 어떤 영향을 미치게 되었는지 분명하게 전달하는 일이 된다. 그러면 친구가 내 욕구를 분명히 알고 바르게 반응할 수 있게 된다. 그러면 결국 내 불편을 해소할 수 있게 된다.

앞의 예와 같은 상황에서, "네가 내게 '그렇게 개념이 없냐?'라고 하니, 내가 그런 사람처럼 느껴져 기분이 매우 나쁘다."라고 말하

는 것이다. 이런 '나 - 메시지' 형식으로 말하면 상대 행동을 비난하는 말이 아니라 내 감정을 말한 것이므로 상대도 편한 가운데 들을 수 있다. 그러면 1차 말하기 기술을 적용한 것이다. 말이 더 이상 언쟁으로 이어지지 않고 순조롭게 해결되려면 하나의 기술이 더 필요하다.

이렇게 내가 수준 있고 격식 있는 '나 - 메시지'를 구사했다고 하더라도, 상대는 내 감정을 그대로 수용하고 인정하면서 내 생각처럼 "그런 생각이 들었어? 미안해, 그러지 않을게."라고 반응하지 않는다. 내가 아무리 예를 갖춰 말하더라도 상대는 자기 말의 타당성을 설명하기 위해 "네가 그런 말을 하니 그렇지?"라는 형태로 오히려 내 탓으로 돌리려고 한다. 그러면 나는 이 말에 또 기가 죽어 '그럼, 이제 무슨 말을 하지?', 혹은 '나는 왜 늘 이런 소리를 들어야 하지?'라고 하면서 당황할 수 있다. 그러면 속으로 '나 - 메시지가 좋은 방법이라고 하더니, 전혀 효과 없는데'라고 좌절할 수도 있다.

대화의 기술을 배우고 있는 우리는 여기에서 좌절할 필요가 없다. 내 말에 상대가 전혀 예상 밖의 반응을 보인다면 우리가 앞에서 배웠던 '공감하기' 기술을 사용하면 된다. 이미 알고 있는 것처럼 '공감하기'는 듣는 사람이 말하는 사람의 처지나 감정 상태를 전적으로 인정하고 동조해주는 대화 기술이다. 이는 대화를 편하게 이끌어줄 뿐만 아니라 화자가 자기 마음을 열 수 있도록 도와주는 좋은 도구이다. 따라서 여기에서도 이 대화법을 구사하면 된다. 이 상황을 정리해보면 다음과 같다.

① 일반적인 대화

친구: 그것을 생각이라고 하니? 어찌 그리 개념이 없니?

나: 네가 나에게 그런 말을 할 수 있니?

친구: 네가 그런 말을 하니까 그렇지?

나: 내가 어쨌다고, 그런다고 너는 내게 개념 없다고 하냐?

친구: 내가 사실을 말했을 뿐인데, 뭘 그러니?

나: ?

당장 기분이 나빠 언쟁으로 이어지기 쉽다.

② 기술 적용 대화

친구: 그것을 생각이라고 하니? 어찌 그리 개념이 없니?

나: 네가 '그걸 말이라고, 개념이 없니?'라고 하니, 내가 그런 사
   람처럼 느껴져 기분이 매우 나쁘다.('나 - 메시지' 대응)

친구: 네가 그런 말을 하니까 그렇지?

나: 내가 …한 말을 너는 개념 없다고 생각하는구나.(공감하기)

친구: 그래, 그게 말이냐?

나: 그래도 그런 말을 들으니 나는 상당히 기분이 나빠.('나 - 메시
   지' 대응)

친구: 나는 사실을 말한 것뿐인데 뭘 그래?

나: 너는 사실이라고 그냥 그대로 말했단 말이구나.(공감하기)

친구: 그래, 그것이 사실이잖아.

나: 그렇다고 그런 말을 듣는 것은 기분이 나빠.('나 - 메시지' 대응)

친구: 그래? 네가 그런 기분이 들었다면 미안해.

나: 그런 말은 불편해.

친구: 미안해.

이런 형태로 대화가 진행될 수 있다. 대화 기술을 배운 사람이라면 이런 형태로 대화를 이끌고 갈 수 있어야 한다. 상대가 하는 불편한 말을 듣고 여기에서 소개하고 있는 '공감하기'를 하면 된다. 그래도 이는 지적하는 말이 아니기 때문에 상대가 기분 나빠하지 않는다. 그러면 그다음 이야기를 진행하더라도 대화가 다른 길로 나가지 않게 된다. 만일 '내가 기분이 나쁘다.'라고 말했는데도 친구가 계속 다른 말로 나를 공격하면 나는 또 '공감하기'를 하면 된다. 그런 다음 내 기분을 말하는 것이 이 기술의 핵심이다.

만일 이렇게 하지 않고 '일반적인 대화'처럼 진행하면 내 마음이 풀어지지 않을 뿐 아니라 대화가 어색하게 되고, 관계만 훼손되게 된다. 이제 우리는 내 마음이 불편해질 때 대화하는 기술을 알게 되었다. 어떤 장소에서, 누구와 대화하든지 자신감을 느끼고 대화에 임하면 좋겠다.

말이 삶을 바꾼다

07

대화 기본 프로세스 5기

오래전 10대 청소년들 325명을 대상으로 가족 간 대화나 가족 식사에 관한 설문조사 결과를 본 적이 있다. 가족과 함께 식사를 매일 한다는 청소년은 23%였고, 1~2회가 28%로 가장 많았다. 3~4회가 26%, 5~6회는 17%에 불과했다. 또 '부모님과 대화가 잘 통한다고 생각하는가?'라는 질문에 '그렇다'라고 답한 사람은 전체 중 52%였다. 대화 시간으로 구분해보면 30분~1시간 미만은 39% 였고, 30분 미만이 20%를 차지했다. 부모와 대화가 잘 통한다는 청소년들은 절반을 조금 넘었다. 나머지 절반은 가정에서 거의 대화가 잘되지 않는다고 했다.

사실 집에서 생활하는 것을 보면 대개 TV를 함께 보는 시간은 많지만, 대화하는 시간은 그리 많지 않다. 이유는 특별히 할 말이 없기도 하거니와 대화 소재를 찾지 못해서 그런 경우가 대부분이다. 그리고 대화를 시작하고, 대화에 응하고, 정리하는 방법을 잘 몰라서 그러기도 한다. 그러다 보니 대화가 어색하기도 하고, 금세 불편함을 느끼고, 침묵으로 보내는 경우가 많다.

그래서 필자는 대화를 시작하고, 진행하고, 마무리하는 일련의 프로세스 같은 것이 있으면 좋겠다고 생각했다. 그래서 다음과 같은 경로를 생각해내고, 기회가 주어지는 대로 이런 과정을 적용하기 시작했다. 청소년 대화 프로그램에서 이런 내용을 소개하고 적용했더니 상당한 효과가 있었다. 누구에게나 적용할 수 있고 효과가 있는 대화 기본 프로세스 '5기', 그 이야기를 시작하려고 한다.

　먼저 대화를 시작하는 말이다. 여러 유형의 말이 있을 수 있겠지만 사람들이 생각하고 기억하기 쉽게 하고, 또한 설명의 편의를 위해 처음 시작하는 말을 간단하게 정했다. 친구에게 말하는 방법을 기준으로 전개해본다. 대화를 진행하는 도구로서의 순서이다.
　상대에게 말을 시작할 때, 관심을 나타내는 말로 "오늘 기분 어때?"라는 말로 시작한다. 물론 "오늘 무엇을 먹을 거야?"라고 하든지, "아침에 무엇을 먹었어?"라든지, 또 "오늘 무슨 색이 마음에 끌려?", "오늘 이런 날씨 어때?", "오늘 무슨 일이 제일 중요해?", "오늘 네 일정을 듣고 싶어."라는 형태의 다양한 말이 있을 수 있다. 또는 지금 마음 상태나 자연 현상, 일하고 있는 여건 등 다양한 소재로 대화를 시작할 수 있다. 하지만 여기에서는 대화 모델을 제시해준다는 차원에서 시작하는 말, 대표 하나를 가지고 설명하려고 한다.

　상대에게 관심을 표현하는 말로 "오늘 기분 어때?"라는 말이다. 이는 말을 시작하는 여건을 만드는 일이고, 화자의 관심과 사랑의 표현이라 할 수 있다. 또한 관계가 깊어질 수 있는 시발점이 되기도 한다. 따라서 누구를 만나든지, 이런 유형의 관심을 표현하는 말로 대화를 시작하는 것이 좋다. 자녀라면 "오늘 학교에서 어떻게 지냈니?", "오늘 기분이 어땠어?", "오늘 불편한 일은 없었니?"라는 말로 관심을 보이는 것이다. 그리고 친구인 경우, "오늘 기분 어때?", "오늘 하루 무엇을 하며 보냈니?", "오늘 이런 날씨는 어때?"라고 관심을 보이는 말로 대화를, 관계를 시작한다는 말이다. 필자는 이런 유형의 말을 '관심갖기'라고 이름 붙였다.

　사람을 만나면 다양한 말들을 건넬 수 있지만 여기에서는 설명 전개의 편의를 위해 "오늘 기분 어때?"라는 '관심갖기'의 말을 기준으로 설명하려고 한다. 이를 기준으로 말이 진행되는 형식을 소개하고, 이를 통해 대화를 풀어나가는 요령을 알면 좋겠다는 생각이다.

우선 대화가 가볍지 않게 되려면 상대가 관심을 보이는 사소한 말이라도 소중하고 가치 있게 여기면 좋다. 그래야 대화가 더 활기를 띠고, 가치와 의미를 담아낼 수 있다. 사실 누군가 내게 '관심갖기'라는 형태의 말을 걸어오면 관계의 시작이자 소통의 출발이라고 생각하면 좋다. 나에게 이런 말을 걸어오는 사람은 내게 큰 친절을 베푼 사람이다. 따라서 그 관심을 가볍게 여겨서는 안 된다.

그다음 중요한 것은 내게 관심을 보인 사람에 대한 나의 반응이다. 대화가 잘되려면 이런 사소한 말에 바르게 반응하는 것이 중요하다. 사실 대화의 깊이와 양은 상대가 보인 관심에 대응하는, 혹은 반응하는 나의 말이나 태도에 따라 결정된다. 사람들의 대화가 어색하게 되거나, 혹은 말이 사라지는 것은 이런 관심을 보이는 상대에게 제대로 된 반응을 하지 않고, 가볍게 여기거나 소홀히 여기면서 일어난다. 아니면 여기서 언급하고 있는 간단한 대화 방법을 몰라서 그런다.

우선 상대가 내게 "오늘 하루 무엇을 하며 보냈니?"라고 묻거나 혹은 "무엇을 먹었어?" 등으로 '관심갖기'를 시도했다고 가정해보자. 그러면 "뭐 그날이 그날이지, 특별한 것이 있겠어."라고 하거나 "그냥 먹는 게 뭐 다른 거 있겠어? 그냥 밥 먹었어."라는 형태의 대수롭지 않은 반응을 보이면 당장 대화가 짧아지거나 끊어지게 된다. 상대가 내게 '관심갖기'를 한 것은 본질적으로 상대가 내게 보여준 상당한 '관심'이자 따뜻한 '사랑'이라 할 수 있다. 그런데 이를 가볍게 여기고 반응하는 것은 이런 관심과 사랑을 거부하는 태도라 하겠다. 앞에서 '관심갖기'에 대한 반응이 대화의 질과 양을 결정한다고 했다. 그러니 상당히 조심스럽고 정성스럽게, 혹은 최선을 다해 반응하는 것이 대화를 잘하려는 사람의 태도다. 그렇지 않고 상대 관심에 무의미하게 반응하는 것은 대화의 질을 떨어뜨리는 행위이자, 대화의 원리를 잘 모르는 처사라 하겠다.

예를 들어 "무엇을 먹었어?"라고 물어오면 "우리 엄마는 찌개를 잘 끓이는데, 그게 나는 맛있더라. 그래서 찌개에다 김에다가 멸치볶음 등을 푸지게 먹었지."라든가, "우리 엄마는 아침을 꼭 챙겨 먹으라 하면서 별 맛없는 반찬을 해주면서 먹으라고 한다니까. 때로는 부담스러워."처럼 정성을 다해 세세하게 반응하는 것이 좋다. 대화가 어설프게 되는 것은 대부분 이런 사소한 물음에 가볍게 반응하면서 만들어진다. 상대가 내게 '관심 갖기'를 하면 반드시 정성을 다해 반응해야 한다. 대화를 잘하는 사람들의 기본 교양이라 하겠다.

다시 대화 프로세스 이야기로 돌아가서, 상대가 내게 "오늘 기분 어때?"라고 물으면 상대 물음을 사랑으로 여기고 내 기분 상태를 있는 그대로 말해주는 것이 좋다. 대개 이런 관심의 말을 만나면 가볍게 여기고, "뭐, 그냥 그렇지 뭐?"라고 하거나, "무슨 그런 걸 물어?"라는 형태의 반응을 보이는 사람들이 있다. 이는 대화의 기본 원리를 모르는 사람이다. 내 기분이야 내가 가장 잘 아는 사람이다. 그러니 물어오는 상대에게 자기감정을 잘 풀어 정성을 다해 표현해주는 것이 좋다. 그래야 앞에서 말했던 것처럼 대화를 잘할 수 있게 된다.

사람들이 이런 질문에 망설이는 이유는 우리가 자라면서 자기감정 표현하는 방법을 배우지 못했거나 경험하지 못해서 그런다. 그러다 보니, 우리는 우리 감정에 어떤 것들이 있는지 규명하지도 못하고 대충 싸잡아서 도매로 말하려고 한다. 그러니 감정을 표현하려고 해도 얼른 용어가 떠오르지 않아 버벅대기도 하고, 어색하게 되기도 한다. 그러면 여기에서 일단 우리 감정 용어들을 긍정과 부정으로 나눠 살펴보자.

먼저 긍정 감정으로는 감격스럽다, 감동했다, 감사, 고마움, 근사하다, 기분 좋다, 기쁘다, 날아갈 것 같다, 든든하다, 만족하다, 뭉클하다, 반갑다, 배려받은 느낌, 뿌듯하다, 사랑받음, 사랑스럽다, 상쾌하다, 설렘, 시원하다, 싱그럽다, 아늑하다, 안전하다, 열광, 위안이 되다, 자랑스럽다, 자신감 있다, 재미있다, 즐겁다, 짜릿하다, 차분하다, 태연하다, 통쾌하다, 편안하다, 평화롭다, 포근하다, 행복하다, 황홀하다, 후련하다, 흐뭇하다, 흥겹다 등이 있다.

부정 감정으로는 가소롭다, 가슴 아프다, 가엾다, 거부감 느끼다, 걱정스럽다, 겁이 난다, 겸연쩍다, 고독하다, 괴롭다, 괘씸하다, 권태를 느끼다, 귀찮다, 기분이 나쁘다, 긴장된다, 꿀꿀하다, 놀라다, 담담하다, 답답다, 당황스럽다, 더럽게 느껴진다, 두렵다, 떨떠

름하다, 멋쩍다, 몸서리치다, 못마땅하다, 무기력, 무섭다, 민망하
다, 밉다, 반항심, 배신감을 느끼다, 북받치다, 복수심을 느낀다,
부끄럽다, 분노, 분하다, 불만스럽다, 불쌍하다, 불안하다, 서글프
다, 서운하다, 섭섭하다, 소름 끼친다, 속상하다, 수치스럽다, 슬프
다, 신경질 나다, 실망스럽다, 쓸쓸하다, 아쉽다, 압박감, 애석하다,
얄밉다, 야속하다, 어이없다, 억울하다, 외롭다, 우울하다, 울고 싶
다, 울적하다, 울화가 치민다, 원망스럽다, 위축되다, 자책감을 느
끼다, 저항감을 느끼다, 전율을 느끼다, 절망적이다, 졸리다, 주눅
이 들다, 지겹다, 지루하다, 질투, 짜증 난다, 찝찝하다, 참담하다,
처량하다, 처절하다, 초조하다, 허탈하다, 혐오감, 화가 난다, 후회
스럽다 등이 있다.

이런 말들은 우리 감정을 규명하고, 표현할 수 있도록 도와준다.
관심 있게 봐뒀다가 다른 사람이 내게 감정을 물어오면 어떤 상황
에서든지 자기감정을 적절하게 표현하는 것이 좋다. 단순하게 그
냥 하나의 감정만 말해도 좋고, 여러 감정을 섞어서 복합적으로 사
용해도 좋다.

만일 친구가 "오늘 기분이 어때?"라고 물어오면 대답을 대충 하
거나 머뭇거려서는 안 된다. 될 수 있는 대로 자기감정을 잘 살펴
서 자세하고 성실하게 답하도록 노력하자. 꼭 이런 형태로 묻지 않
고 "무슨 음식을 좋아해?"라고 물어오더라도 "반찬을 말해? 아니
면 식사를 말해?"라고 분리해서 물어본 다음 상대가 원하는 내용
으로 반응하면 좋다. 상대가 "무슨 음식을 좋아해?"라고 물으면

"아무거나", 혹은 "대충"이라고 반응하는 사람들이 많다. 이런 반응은 '이후에 더 대화하지 말자.'라는 신호와 같다. 만일 내 생각 범위를 벗어난 경우, 최소한 "잠깐, 미처 생각하지 못했는데, 생각해볼게."라는 형태의 반응이라도 보여야 한다. 따라서 상대가 묻는 사소한 질문에 예민하게 반응하고 자세하게 대답하려는 노력은 대화자의 좋은 예절이라 하겠다. 그래야 대화가 오래, 그리고 깊게 진행될 수 있다. '관심갖기'에 대한 반응의 중요성을 이야기했다.

다시 대화 프로세스로 돌아와서 친구가 "오늘 기분이 어때?"라고 물어왔다. 그러면 나는 내가 가지고 있는, 혹은 느낀 기분을 할 수 있으면 소상하게 말하며 "…해."라고 반응하는 것이 좋다. 친구가 "속상해."라는 기분을 말하면 그다음 우리는 어떤 반응을 보이면 좋을까?

우리의 일상 언어 습관을 보면 대부분 "왜?", 혹은 "왜 그러는데?"라는 물음으로 반응하기 쉽다. 그런데 이런 반응은 감정에 대한 원인을 직접 따지고 캐묻는 말이다. 그러면 화자는 그 원인을 논리적으로 설명해야 한다는 의무감을 느낀다. 따라서 내용이 어렵거나 설명하기 곤란한 경우 장벽을 만난 것 같은 불편을 느낀다. 따라서 대화를 어렵게 만든다. 그러니 이런 말보다는 대강의 사연을 말할 수 있도록 답변의 범위를 넓혀주는 것이 좋다.

"왜?"라는 말보다는 "무엇이 네 기분을 그렇게 했어?"라는 형태의 '확인하기'로 반응하는 것이 좋다. 그러면 이런 물음에 상대는

말이 삶을 바꾼다

현재 기분을 만들어낸 원인을 편하게 말하게 된다. "엄마에게 잔소리 들었어.", 혹은 "친구와 다퉜어." 등과 같은 말을 할 수 있다.

이렇게 해서 친구가 속상한 원인을 말하면 여기에서도 반응을 잘하는 것이 좋다. 대화를 진지하고 효과적으로 끌고 나가려면 여기에서 우리가 다뤘던 '공감하기' 기술을 적용하면 좋다. 감정의 원인을 말하고 난 다음, 그 감정을 말해주는 것이다. 여기 사례대로 말하면 "(원인) 엄마한테 잔소리를 들어서, (감정) 속이 상하겠구나."라는 형태로 반응하는 것이다. 그러면 상대가 자기감정과 맞아떨어져서, 또는 자기감정이 이해받았다는 느낌이 들어 "응, 너무 속상해."라는 형태의 반응을 보이게 된다.

그러면 대부분 여기에서 대화가 마무리되기도 하는데, 좀 더 나은 대화를 하려면 이후에도 적절한 반응을 하는 것이 좋다. 상대가 자기감정을 알아주고 이해해주었으니, 그냥 있지 말고 거기에 맞도록 "그렇게 말해주니 고마워."라는 형태의 반응을 보이는 것이다. 그러면 대화가 부드럽게 마무리될 수 있다.

대화가 여기까지 이어졌으면 이제 정리하는 의미에서 마지막으로 자기 바람이나 소망 등을 전해주면 좋다. "난 네 그런 속상함이 얼른 해소되면 좋겠어."라는 형태의 반응이다. 그러면 서로 감정을 말하고, 그 감정을 받아주고, 그 감정이 풀어지고, 적절한 수준에서 갈무리되는 좋은 대화 모습이라 할 수 있다. 이것을 간단하게 정리하면 이런 형태가 될 것이다. 이것을 필자는 '좋은 대화 5기'라고 부른다. 관심 갖기, 확인하기, 공감하기, 표현하기, 반응하기 등이다.

① 관심갖기: 오늘 기분 어때?
→ 반응하기: …해.
② 확인하기: 무엇이 네 기분을 그렇게 했어?
→ 반응하기: …해서 …해.
③ 공감하기: …해서 …하구나.
→ 반응하기: 그렇게 말해주니 고마워.
④ 표현하기: 난 네가 …하면(기분이 얼른 풀어지면, 기쁨이 더해지면) 좋겠어.
⑤ 반응하기: 고마워.

대화가 사라지고 어색한 분위기가 만들어지기 쉬운 환경에서 이런 대화로 분위기를 좋게 만들고 대화를 이어간다면 좋은 대화 여건을 만들어갈 수 있으리라 생각한다. 부디 적극적인 활용을 부탁드린다.

말이 삶을 바꾼다